노동과 즐거움

19세 소녀의 이야기로 풀어보는 행복의 본질

남북한 문화비교 총서

⑫

노동과 즐거움

19세 소녀의 이야기로 풀어보는 행복의 본질

전주람 ― 김지일 지음

전주성 그림

  남북한 문화비교 연구 총서는 학계에만 국한되어 출간되는 연구물을 대중화할 필요가 있겠다는 기대로부터 기획되었습니다. 2020년 여름, 전주람은 학회지에 북한이주민의 생생한 증언을 담는 작업을 하고 있었습니다. 그때 한국학술정보 출판사에서 연구자들이 그간 학술지면에 발표한 논문을 단행본으로 엮는 작업을 한다는 광고를 보게 되었습니다. 그래서 한국학술정보 이강임 팀장님과 만나, 딱딱한 북한 관련 총서에서 벗어나 북한 출신 분들의 생생한 증언을 담아내는 방식의 남북한 문화비교 연구 총서를 엮자는 데 의견을 모았습니다. 그간 북한이주민들의 심리 사회적 자원을 시작으로 가족과 건강, 일 세계, 지역사회복지, 자기 돌봄과 정체성 등에 이르기까지 다양한 연구를 현장 인터뷰 방식으로 진행해 왔었는데, 그 내용을 남북한 문화비교 총서로 엮는다면 보다 많은 독자가 쉽게 내용을 접할 수 있지 않을까 판단했습니다.

  남북한 문화비교 총서는 '일상생활(daily life)'을 주된 연구 영역으로 삼았습니다. 북한이주민의 일상생활이 어떠한지 자세히 살피고자 했습니다. 이를 통해 북한 출신 주민분들에 대한 차별적 시선과 편견, 이에 따른 고정관념을 걷어내고, 그들을 새로운 관점으로 바라보는 태도를 갖게 하고자 했습니다. 이 총서는 북한이주민이 누구인지에 관한 인식 제고의 전환점과 담론을 제공해 줄 것이라

기대합니다. 남한에서 출생한 국민이 북한이주민에게 쉽게 다가가고 그들을 이해할 수 있는 좋은 자료가 될 것입니다. 궁극적으로는 향후 남북한의 사회문화적 통합에 중요한 기초자료로 활용될 수 있을 것으로 기대합니다.

프랑스 철학자 앙리 르페브르(Henri Lefebvre)는 일상생활을 인간의 전체성 관점에서 설명하였습니다. 자세히 보면 인간은 욕구의 차원, 노동의 차원, 놀이와 즐거움의 차원으로 존재가 파악되며 이 세 가지 요소가 유기적인 관계로 통합될 때만 비로소 인간의 참된 모습이 현실화한다고 하였습니다. 즉 인간이 생존하기 위해서는 모든 물질적 · 신체적 욕구가 충족되어야 하고, 동시에 그의 욕구를 충족시키기 위하여 일하지 않으면 안 된다고 언급한 것입니다. 일상을 다루는 것은 결국 일상성을 생산하는 사회, 우리가 살고 있는 그 사회의 성격을 규정짓는 것이므로, 진지한 연구 대상이 되어야 마땅합니다. 일상이 매일 되풀이되고, 보잘것없어 보이고, 지루한 업무의 연속처럼 느껴지고, 익숙한 사람과 사물의 잦은 마주침으로 가득 차 보일지 몰라도, 중요한 사실은 일상이 바탕에 있어야만 사건이 일어난다는 것입니다. 이처럼 일상생활 연구는 사회 전체에 대한 평가와 개념화를 함축하므로, 일상성을 하나의 개념으로만이 아닌 '사회'를 알기 위한 바로미터가 되기에 중요합니다.

따라서 남북한 문화비교 총서에서 북한이주민의 일상생활 모습을 전방위적으로 깊이 탐색하는 것은 사회문화적 통합 영역뿐만 아니라 실천적으로도 긴요한 일이라 할 수 있겠습니다.

총서 시리즈물의 열두 번째인 『노동과 즐거움: 19세 소녀의 이야기로 풀어보는 행복의 본질』은 가족학이라는 학문적 토대에 '북한'이라는 영역을 포함하였습니다. 가족이라는 미시체계 환경을 연구의 기반으로 삼은 전주람은 북한 출신자들의 일상생활 문화에 관심을 기울였습니다. 김지일은 북한 출신 주민들이 겪는 희로애락을 직접 경험한 연구자로서, 이들의 삶의 이야기를 듣는 과정에서 자기 경험과 비교하며 보다 생생하고 정확한 정보를 전달하기 위해 노력하고 있습니다. 또한, 김지일은 학문 탐구에 대한 열망을 가지고 사회 문제에 관심을 기울이는 열정적인 연구자로서, 북한 출신 주민들이 직면하는 다양한 사회적 모순이 한국 사회의 여러 문제와 직결될 수 있다는 인식을 바탕으로 여러 이슈에 관심을 두고 있습니다. 따라서 북한 출신자들의 생생한 경험을 통해 그들의 문화를 이해하고 심리적 내면 및 사회구조를 파악함으로써, 사회적 모순 해결을 위한 실질적인 방안을 모색할 수 있다는 확신을 가지게 되었습니다. 그리고 전주성 그림작가는 글작가들과의 협업을 통해 독자들의 읽는 즐거움을 더하고자 독창적인 그림을 그려내고자 했습니다. 이는 독자들이 지루함에서 벗어나 보다 풍부한 상상력을 불러일으킬 수 있도록 돕는 장치가 될 것이라고 생각했습니다. 이러한 배경을 바탕으로 필자들은 북한 출신 주민들에 대한 사회적 공감대를 형성하고, 더 나아가 전 사회적 공감대를 만들기를 기대하며 대중 담론 형성에 동참하고 있습니다. 그 과정에서 우리는 그들의 일상생활 문화를 잘 이해하기 위해서는 무엇보다 현장에서 당사자들을 인터뷰하는 것이 적합하다고 판단하였습니다. 이 책에서는 필자가 일상생활 연구에서 영감을 얻도록 여러 철학적 질문을 제기한 한 청소년의 생생한 언어를 기록하여 독자들이 내용을 쉽게 이해할 수 있도록 하였습니다.

이상의 결과를 책에 담는 작업은 남한의 일상을 경험하는 그들을 이해하는 것이자, 그들이 속한 사회를 이해하는 것이기도 합니다. 이러한 이해를 토대로 우리는 우리 스스로의 삶을 뒤돌아보고 너무나도 평범한 우리 일상생활의 소중함이 평범한 것이 아니라는 삶의 가치도 발견할 수 있는 기회를 제공하고자 합니다. 요컨대 〈남북한 문화비교 총서〉는 남북인이 조화롭게 어울릴 수 있는 일상 문화를 찾아 나가는 데 중요한 기초자료가 될 것입니다.

2024년 12월
전주람, 김지일

○ 목차

제1부

바람을
느끼는 소녀

○

* 인터뷰 일시 : 2023년 12월
* 인터뷰어 : 전주람
* 인터뷰이 : 설은영(가명), 19세, 여성, 2019년 입남
* 초고 완성 및 북한사회와 관련하여 논의해야 할 부분이 있는지 살피는 감수자 : 김지일

"나는 19세입니다. 북한에서 어떤 삶을 살았냐구요? (웃음) 북한에서 10세 때 가사 일을 하고 아궁이에 불을 때며 아기 기저귀도 갈아봤죠. 농사도 짓고 국수도 만들었으며, 자전거를 봐주거나 밀어준 대가로 돈을 벌고 가발과 사탕도 만들어 팔았어요. 42킬로그램의 시멘트를 나르기도 했고, 머리를 땋아서 팔기도 했고, 전기 부품 조립도 해보았습니다. 장례식에 쓰는 종이 아세요? 석지라고 하는데, 그 일도 해보았고 구리 감는 일을 하면서 손이 패이기도 했습니다.

2024년 9월 현재, 저는 4곳이나 대학의 합격 통지를 받고 행복한 고민을 하고 있어요. 행복하죠. 북한에서 경제적으로 어려워 학교에 다니지 못했지만, 곧 제가 꿈꿔온 대학생의 신분으로 살아가게 될 것이니까요. 세계 여행을 꿈꾸고 중국어를 공부하며, 누군가에게 의미 있는 존재가 되고 싶습니다."

전 : 잘 지냈어? 오랜만이야. 시간순으로 봤을 때 북한에 있었을 때 가장 어릴 때 어떤 일을 했는지, 그다음은 어떤 건지, 조금 설명해 줄 수 있어? 경험, 일했던 경험으로. 그때 부품 조립하는 것도 했었고, 가발 공장도, 사탕 파는 것도 정말 많이 했었잖아? 어떻게 보면 여기 애들은 10대 때 그렇게 일을 많이 하지 않는데… 그치?

성 : 그렇죠. '가사 노동'도 노동에 포함되나요?

전 : 그렇지.

성 : 한 10살 때 10월 이후부터… 그때부터 설거지도 하고 집 안 청소도 했던
것 같아요.

전 : 그거는 은영이가 자발적으로 한 거야? 아니면…

성 : 저희 어머니가 없으셔서 새엄마랑 같이 살면서, 처음엔 안 하다가 조금씩
"이런 것도 해야 한다."라고 하셨어요.

전 : 근데 은영아, 엄마가 여기 먼저 내려오시고 북에서 새엄마랑 살 때, 이런
일 하면서 좀 억울하거나 그런 건 없었어?

성 : 억울했죠.

전 : 억울했는데 그래도 안 한다고 하진 않았나 봐?

성 : 어… 저도 약간 모범생 증후군 같은 게 있어서 열심히 했던 것 같아요. 그
릇도 많이 깨고 그랬는데, 그래도 열심히 했어요.

전 : 음… 그런 것 좀 하고, 근데 설거지는 어떻게 했어? 여기랑 똑같아? 아니
면 세제 같은 게 조금 다르지? 많이 다른가?

성 : 조금 다르긴 한데, 거기서는 중국 세제를 써요.

전 : 아, 중국 세제?

성 : 예. 물 같은 것도 없으면 물 나오는 데 가서 길어오고… 했는
데, 아무리 생각해도 물 길어올 때 머리에 이고 다녀서 키가
많이 안 자란 것 같아요.

전 : 그게 과학적인 근거가 있는지는 모르겠지만 어쨌든 그런 얘
기들 많이 하잖아. 무거운 거 올려놓고 있으면 안 자란다
고… 청소는 어떤 식으로 했어? 여기서는 청소기 같은 걸
많이 쓰잖아. 거기에서는 어떤 식으로 청소했어?

성 : 빗자루로 먼저 쓸고, 그다음에 먼지가 좀 가라앉은 다
음에 앉아서 걸레로 쭉 다 닦거든요. 하루에 두 번 정

도… 그렇게 맨날 집을 청소했던 것 같아요.

전 : 되게 깔끔하셨나 보다.

성 : 네.

전 : 그러니까 아침에도 저녁에도 그렇게 했던 거야? 은영이가? 10살 때부터 가사 일을 도왔네, 그치? 그럼 밥하고 아궁이에 불 때고 이런 거는 안 했어?

성 : 그것도 했었어요. 그때가 몇 살이었더라… 10살 때부터 시작했던 것 같아요.

전 : 진짜. 근데 여기 10살 애들은 대부분 청소, 설거지, 밥하기 같은 거 대체로 안 하잖아. 그런데 9년 정도 지나고 여기서 살면서 보니까, 어렸을 때 그렇게 일했던 거 어떻게 느껴져?

성 : 어떻게 느껴지냐면, 저는 그때 약간 뭐라고 해야 할까… 저희 (친)엄마는 제가 외동딸이라서 그런 건 딱히 안 시키고, 약간 풍족하지 못해도 엄청, 챙겨주긴 했거든요. 엄마가 집에 계실 때는…

전 : 친어머니 계실 때?

성 : 네, 그리고 엄마가 돈 벌러 나가고 집에 계실 때는 저를 많이 챙겨주셨죠. 그런데 10살 때부터 설거지랑 청소, 밥하게 하긴 했지만 그렇게 본격적으로 한 건 아니고, 처음에는 "해봐야 한다."라는 의미에서 했어요. 제가 깔끔한 스타일이다 보니까… 동생도 있었는데 제가 더 깔끔하게 청소를 잘하게 되면서, 한 11살이었던가 12살이었던가 그때부터는 진짜 본격적으로 했던 것 같아요.

전 : 진짜. 그러니까 네가 되게 깔끔하고 청소 같은 걸 잘했구나…?

성 : 잘하지 말았어야 했는데 잘해버려서 쉴 틈이 없었던 것 같아요.

전 : 그래, 어지간했어야지, 너무 잘하면 계속 시키잖아. (웃음) 아이고… 그러면 그다음에 처음 집 밖에서 일했던 거는 어떤 거야?

성 : 집 밖에서 일했던 거요? 저 고모네 집에 갔었는데 거기서 살면서 아기 기 저귀도 빨고… 그리고 농사일도 그때 처음 해봤던 것 같아요.

전 : 진짜?

성 : 옥수수 농사하고 감자 농사 같은 거요.

전 : 그때가 몇 살인데?

성 : 제가 그때 10살인가 11살이었어요.

전 : 그런데 그때 농사를 지었어?

성 : 네. 밥값 해야 한다고 하더라고요…(웃음)

전 : 그러니까 고모가 너를 키워주고 재워주고 하는, 그게 어떻게 보면, 대가네?

성 : 네.

전 : 아기가 갓난아기가 있었나 보다. 기저귀 빨고 이랬으니…

성 : 고모네 집에 딸이 셋인데, 그 셋 다 결혼해서 한 명이 아기를 낳았고, 그다 음에 또 한 명이 아기를 낳았어요. 그래서 처음 태어난 아기를 많이 돌봤던 것 같아요. 두 번째 태어난 아기를 낳은 언니한테서 구박을 좀 많이 받았어 요. "저 애는 잘 봐주고 내 애는 왜 많이 안 봐주냐" 이런 식으로…

전 : 그런다고 너 용돈을 주셨나?

성 : 용돈은 주는 건 아니고, 밥을 좀 더 많이 주거나, 고모부가 알코올 중독자 여서, 옛날에 머리를 다쳐서 상태가 좋지 않아서 저를 때리기도 하고, 술 마시면 그러기도 했어요. 그때 언니가 조금 막아주기도 했죠. 제가 언니 애를 좀 봐주니까…

전 : 진짜? 그러면 그 고모님 댁은 아직 거기 고향에 계셔?

성 : 네. 고모는 아직 거기 계세요.

전 : 음… 그때는 나무도 가져오고 그런 일들을 했었구나?

성 : 네. 땔감 같은 거요. 나무를 낫으로 베다가 손을 다치기도 했어요.

전 : 그런데 그때 일할 때 즐겁게 일하는 편이었어? 아니면 보통 무슨 생각을 하면서 일을 했던 것 같아?

성 : 처음에는 내가 모르던 일을 접하니까 호기심도 있고 재미있고 잘하고 싶었거든요. 그런데 처음부터 잘해버리니까 기대치가 높아져서 "더 열심히 해야 한다"라고 생각하게 되었어요. 그래서 엄청 스트레스를 받았고, 고모네 집에서 농사 일을 하더라도 양이 그리 풍족하지 않아서 고모가 뭐라 하시기도 했고, 일이 힘들다 보니까 불만이 쌓여갔던 것 같아요. 아니, 내가 커서 돈을 좀 벌게 되면 나한테 신세 질 수도 있지… '내가 아직 이렇게 어린데 학교 보내준다고 해놓고, 학교는 안 보내고 여기서 일만 시키면서 구박하네? 약속도 안 지키는 거 봐라…?' 이런 생각을 하면서… 고모네 사람들 빨래도 다 가지고 나가서 빨 때가 많았거든요.

전 : 그러니까 어떻게 보면 11살이 그 일을 하기에는 일이 너무 많았던 건 맞잖아?

성 : 네. 아기를 업고 다니기도 하고, 시골이다 보니까 힘들었어요. 그리고 새벽 4시에도 심부름 다니고, 솔직히 많이 무서웠거든요.

전 : 새벽 4시에 무슨 심부름을 한다고?

성 : 막 방앗간에서 국수 같은 거 눌러 오든가, 아니면 고모네 집이나 언니네 집이 떨어져 있으면 "언니네 집 가서 뭐 좀 해라" 이런 식이었어요.

전 : 그런데 왜 이렇게 일찍 가? 국수를 눌러 오는 걸 새벽 4시에 가?

성 : 왜냐하면 낮에는 사람이 많으니까, 새벽에 가서 빨리 해서 가져가요. 언니가 방앗간에서 일했거든요. 그래서 언니가 조금 더 챙겨줄 수 있었어요.

전 : 그런데 그때 국숫집이나 여러 군데가 문을 열어?

성 : 그거 밤에도 해요. 왜냐하면 사람들이 많이 먹거든요. 많이 많이 돌려야 하니까요. 낱알로 국수를 이렇게 만들어서… 다 익은 국수예요.

전 : 집에서 내리는 국수?

성 : 기계로 내리는 국수인데, 여기서 생각하면 이렇게 동그란 판에 나오는 국
　　수가 아니고, 그냥 국수가 이렇게 쭉 일자로 되어 있고 그걸 접어서 내려오
　　는 거예요. 주로 옥수수로 만들어요.

전 : 국수를? 맛있겠다. (웃음)

성 : 그거 말려서 물에 데워 먹기도 하고, 아니면 그 상태로 뜯어 먹기도 해요.
　　여기 마라탕집 가면 옥수수 면이 있잖아요? 약간 그런 거예요. 그런 건데
　　이제 그걸 만든 거죠.

전 : 그래. 여기랑 비교할 때 어디가 더 맛있어?

성 : 솔직히 저는 북한에서 먹는 게 더 맛있어요. 왜냐하면 그 옥수수 국수에 감
　　자를 넣거든요. 언 감자를 말려서 가루 내서 넣으면 국수가 정말 쫄깃쫄깃
　　하고 맛있어요.

전 : 그렇구나.

성 : 옥수수 특유의 약간 꺼끌거리는 식감보다 쫄깃쫄깃한 느낌이 있어서 정말
　　좋았어요.

전 : 감자가 좀 전분이 있잖아. 그치? 그리고 또 뭐 했어?

성 : 그리고 바다… 고모네 집에서 바다에서 고기를 잡아 오는데, 그 바다 옆에
　　산이 있어요. 그래서 자전거를 올려오는데, 자전거 도둑이 많아서… "제가

자전거 봐줄게요" 라고 지나가는 사람들한테 얘기하면서 자전거를 지켜보는 일을 했어요. 제가.

전 : 그러니까 고기 잡는 건 고모가 하고…?

성 : 고모가 고기를 잡지 않고 다른 사람들이 고기를 잡는데, 비 오는 날에는 자전거가 미끄러워서 못 다니니까 원래 그 자전거 봐주는 일이 없었어요. 그런데 제가 혜산에 살 때, 장마당에서 자전거를 봐주면서 돈을 받는 걸 보고, 그곳에 가서 "제가 자전거 봐줄 테니까 얼마 주세요"라고 해서 자전거보는 일을 만들어서 그걸로 돈을 좀 쏠쏠하게 벌었던 것 같아요.

전 : 그러니까 자전거도 정말 많이 훔쳐 가나 보다?

성 : 그렇죠. 거기는 자전거뿐만이 아니에요. 훔쳐 가는 게 정말 많아요.

전 : 진짜? 그러면 자전거 봐주는 거 얼마 줘?

성 : 얼마 받았던가…? 500원에서 700원 사이에 받았던 것 같은데요. 여기로 치면은… 근데 500원에서 700원 사이긴 한데 여기로 치면 얼마 안 돼요. 진짜 얼마 안 돼요.

전 : 1시간에 500원?

성 : 네.

전 : 그러면 그 일은 그냥 자전거 계속 지키고 옆에 서 있는 거야?

성 : 네. 그러기도… 그렇죠. 근데 좀 진짜 사람이, 없는 사람이 많아서 자전거가 쭉 있으면 제가 거기서 보면서… 어떤 때는 좀 그 자전거에 고기 싣고 오는 거를 밀어주면, 밀어주는 것도 돈을 주거든요. 한 번에… 밀어주면 천 원? 1천 원 정도는 받았던 것 같아요.

전 : 그러니까 너무 무거우니까 뒤에서 밀어주는 거야?

성 : 네. 진짜 언덕이 이렇게 생겨 가지고, 여기를 이렇게 가는 거라서…

전 : 와~ 근데 고기가 많이 잡히나 보다. 고기를 많이 실으니까 이게 무거운 거지.

성 : 오징어 같은 걸 많이 잡았던 것 같아요.

전 : 거기는 오징어 되게 비싸다면서?

성 : 바다 옆에서 막 엄청 비싸지 않은데 마른오징어가 좀 비싼 편이에요.

전 : 그렇지. 그래, 그것도 했었고 또 어떤 일 했었어?

성 : 또 어떤 일을 했냐면…

전 : 가발 공장도 갔었잖아?

성 : 그건 이제 집에서 한 거거든요. 그 전에 건설 현장에서 시멘트를… 뭐라고 해야 하지? 시멘트를 다 내리고 나면 옆에 묻은 것들이 있잖아요? 제가 그걸 빗자루로 다 쓸어서 가루를 모은 다음에 담아서 파는 일을 했었어요.

전 : 그러니까 시멘트를 내리면 옆에 가루들이 떨어지는 걸 청소하는 거야?

성 : 네. 그런데 그거 하면 안 된대요.

전 : 왜?

성 : 모르겠어요. 그래서 몰래 하다가 어떤 사람을 보니까 그걸 하면 안 된다고

단속하는 사람들한테 담배도 주고 돈도 주고 그런 거예요. 그래서 저도 걸리면 담배도 드렸고… 담배 사러 가기도 했고…

전 : 근데 그건 왜 못하게 한 거야?

성 : 어려서 잘 모르겠어요. 그 이유는 모르고, 그냥 "시멘트 나르지 말라." 이런 것 같아요. 그런데 시멘트로 돈 버는 게 한 번에 나가기도 굉장히 어렵고, 다시 들어오기도 좀 어렵거든요. 단속하는 사람들이 있어서…

전 : 응…

성 : 한 번에 나갈 때 많이 지면 많이 질수록 좋으니까, 제가 최대로 시멘트를 나른 게 한 42kg였나…? 어깨에 메고 그 시멘트 가는 집이 약간 언덕에 있어서 거기까지 올라갔거든요. 가다가 들키면 시멘트를 다 압수해요. 그리고 단속하는 사람들이 팔아먹는 거죠. 그래서 돈을 좀 받았어요.

전 : 그러면 은영이는 거기서 돈을 벌어야 해서 번 건지? 아니면 가정에 보탬이 돼야 해서 돈을 번 거야?

성 : 제가 돈 버는 걸 좋아했어요. 어렸을 때부터…

전 : 아~ 돈 버는 걸?

성 : 그런 걸 좀 좋아했어요. 돈 벌고 모으고 이러는 걸… 그래서 처음에 저 혼자 시멘트 나르는 걸로 돈을 벌어왔거든요. 그런데 의외로 쏠쏠하게 잘 돼서 아버지, 어머니랑 다 함께 시멘트를 청소해 새벽에 몇 포대씩 날라서 팔고, 그렇게 했어요. 집에 가져와서 집수리에도 쓰고…

전 : 그러니까 진짜 일찍부터 일했구나. 그때 시멘트 나르고 이럴 때가 11살이야?

성 : 그때는 12살에서 13살 사이였던 것 같아요.

전 : 12살, 13살 정도? 그러면 거기서 집안에 좀 보태주고 너 용돈으로도 썼어? 장난감 사서 놀고 그런 건 없었어?

성 : 네. 제가 좀 철이 일찍 들다 보니까 '내가 용돈으로 쓰는 것보다, 다 같이 한 끼를 먹는 게 낫다.' 이런 생각이 있어서 아꼈어요. 그런데 시멘트 하다 보면 숨이 너무 안 쉬어지고 목이 아프더라고요. 그럴 때마다 아주머니들, 할머니들이 계셨는데, 이렇게 매대에서 먹을 걸 파시거든요. 거기서 "기름진 거를 한두 개씩 먹어라. 안 그러면 너 기관지가 안 좋아진다."라고 하셔서 기름진 빵을 조금씩 먹었어요.

전 : 그거는 옆에서 같이 일하는 할머니들이 주시고 그랬어?

성 : 아니요. 제 돈으로 사 먹었죠.

전 : 아… 사 먹는 거야?

성 : 제가 번 돈으로 사고… '이제 먹었으니까 조금 더 힘내서 열심히 하자.'라고 하면서 계속했어요.

전 : 그런데 시멘트가 기관지나 이런 데 안 좋을 거 아니야? 그러면 기름진 빵을 먹으면 그게 도움이 되나?

성 : 저도 잘 모르겠어요. 그냥 할머니들이 도움이 된다고 하셨거든요. 왜 그런지는 모르겠지만, 그냥 그런가 보다 하고 했어요.

전 : 또 뭐 했어? 그다음에?

성 : 또 한 가지는 제가 사탕 파는 일을 집에서 항상 했던 거라서, 몇 살부터 몇 살까지는 잘 기억이 안 나요.

전 : 사탕을 어디서 가져와서 어떻게 팔았어?

성 : 저희가 엿을 사서 집에서 사탕을 만들었어요. 엿사탕이라고, 그냥 사탕이 아니고 엿사탕이에요.

전 : 집에서 사탕을 어떻게 만들어?

성 : 엿이 너무 갈색이잖아요. 그걸 녹여요. 덩어리 엿을 가마솥에 넣고 녹인 다음, 비닐봉지에 퍼낸 후 다시 하얗게 만드는 거예요.

전 : 그러니까 엿을 가마솥에서 다 녹인 다음 모양을 만들어 잘라?

성 : 아니요. 그 색깔을 바꿔야 해요. 새하얀 색깔이 나오게… 사람이 이렇게 당기면 엿의 색이 변해요.

전 : 아…뭐를 안 넣어도?

성 : 기본적으로 색깔이 변하긴 하더라고요. 그런데 저희는 거기에 뭘 좀 넣었어요.

전 : 어~ 설탕은 안 넣어도 되겠네? 엿이니까. 설탕 같은 건 안 넣어?

성 : 그렇죠. 설탕은 아예 안 넣었어요.

전 : 그러니까 엿을 늘리면 색깔이 변하니까 계속 늘려가면서 모양을 만드는 거구나.

성 : 네. 그런 다음에 그걸 자르고, 새벽에 한 5시쯤 일어나서 비닐 포장을 해요. 졸면서 이렇게…

전 : 음…

성 : 그렇게 하고 다시 포장도 하고, 그다음에 날이 밝으면 아침 먹고 사탕을 팔러 나가는 거예요.

전 : 근데 사탕을 팔 생각은 어떻게 하게 됐어?

성 : 저희 양어머니께서 옛날에 엿사탕을 팔아서 돈을 벌었다고 하셨어요. 어디에서였더라… 아무튼 오빠네 집에 갔을 때 그렇게 돈을 벌었다고 하셔서, 저도 팔게 됐어요.

전 : 진짜? 그래서 많이 벌었어? 잘 팔렸어?

성 : 처음에는 좀 잘 안 팔렸는데, 조금씩 잘 팔리기 시작했어요. 엿을 1킬로에 4천 원에 사면, 그걸로 만든 사탕을 다 팔고 나면 8천 원이 되는 거예요. 두 배로 받아서 나머지 4천 원으로 또 엿을 사고, 나머지 4천 원으로 다음 날 먹을 쌀이나 반찬거리를 샀죠.

전 : 이거는 꾸준히 몇 년 동안 집에서 한 거네?

성 : 그렇죠. 꾸준히 안 하면 먹을 게 없으니까, 정말 꾸준히 해야 해요. 그리고 이제 중국이랑 무역을 하게 됐잖아요. 그때가 10살에서 14~15살 사이였던 것 같아요. 고모네 집도 제가 가서, 이건 혜산에 있는 고모네 집이에요. 제가 아까 말했던 고모는 김책에 있었고…

전 : 고모가 둘이야?

성 : 저희 고모가 엄청 많아요. 3명 정도 되는데… 일단 그 두 집에서 살았어요.

성 : 고모네 집에 있을 때 언니가 가발을 만들었고, 제가 거기서 언니한테 배워서… 언니가 졸거나 잘 때는 제가 또 떴어요.

전 : 진짜? 가발을 어떻게 만들어?

성 : 가발을 만들려면 머리카락을 주고, 그 머리카락 그램 수를 재서 주고, 머리카락을 뜰 수 있는 그물망 같은 걸 줘요. 그리고 밑에 도면을 줘요. 이런 모양은 이렇게 뜨라고…

전 : 사람 머리카락으로 하는 거야?

성 : 그게 사람 머리인지 인조 가발인지 모르겠어요. 진짜 대부분 사람 머리일 것 같은데… 저희가 머리 길러서 파는 애들이 굉장히 많았어요. 저도 팔았어요.

전 : 일부러 길러서 파는 거야? 잘라서?

성 : 근데 저는 숱이 많아서 그냥 숱을 숱어서 팔았어요.

전 : 숱을 네가 잘라 가지고?

성 : 아니오. 자르는 사람이 와서 자르고… 그러면서 하는데… 의외로 그게 값이 잘 나가요.

전 : 우와~ 그래서 그걸 가발 속의 그물망 같은 데 붙여 가지고…?

성 : 그리고 밑에 도면을 댄 다음에 여러 개의 코바늘로 머리 가발을 뜨는 바늘이 있어요. 그걸로 머리카락 한 오리, 두 오리 이렇게 정해진 대로 묶는 거예요.

전 : 그 도면이 있구나~ 그러면 가발 중에 파마머리도 있고 생머리도 여러 가지
　　가 있겠네?

성 : 대부분 생머리였어요.

전 : 그럼 그 모양을 어떻게 잡아? 기계 같은 게 있어?

성 : 모양을 잡는 건 없고 그냥 만들면 아마 공정에서 파마머리로 만들거나 그
　　런 것 같았어요. 그리고 검은 머리 속에 드문드문 노란색 머리를 넣는 것도
　　있었어요.

전 : 멋있게 하려고 염색하는 거네?

성 : 그죠. 근데 염색된 노란 머리인지 아니면 그냥 노란 머리인지 모르겠어요.
　　그걸 '까치'라고 부르거든요. 색깔이 이렇게 두 가지로 다르면 '까치 가발'
　　이라고 불러요.

전 : 그런데 거기서는 염색 같은 건 제재를 안 받아?

성 : 받죠. 하지만 가발이니까 어쩔 수가 없죠. 그래서 대부분 검은색으로 염색
　　을 하세요.

전 : 진짜?

성 : 네, 진짜 많이 했어요.

전 : 또 뭐 해봤어? 부품 조립 같은 거 했다 하지 않았냐?

성 : 그것도 고모네 집에서 했는데, 전자 제품을 만드는 거예요. 이걸 조립하면
　　400원이었나… 500원이었나… 그렇게 팔거든요. 아니, 그렇게 돈을 받아
　　요. 부품을 받아서 조립해서 돈을 좀 쏠쏠히 벌었던 것 같아요.

전 : 뭐를 만드는 거야? 컴퓨터야, 핸드폰이야?

성 : 아니에요. 컴퓨터도 핸드폰도 아니에요. 어디에 쓰는 부품 같았는데… 정
　　확히 어디에 쓰는지는 말 안 해줘요. 대부분 말 안 해줘요.

전 : 그러니까 그 부품 조립은 하는데 이게 어디에 어떤 기능으로 쓰이는지 모
　　르고 일을 하는 거네?

성 : 그냥 돈이 되니까 먹고 살아야 하니까 하는 거지… 알려주거나 그러지 않아요.

전 : 근데 사람들이 안 물어봐? 궁금하지 않았어?

성 : 물어봐도 자기들도 잘 모른대요. 어쩔 수 없죠, 뭐…

전 : 그렇구나.

성 : 부품 조립이 진짜 거의 머리카락 세 오리 합친 것처럼… 두 오리, 세 오리 합친 것만큼 얇은 선을 가지고, 이렇게 발가락이라고 하는데 그런 게 있거든요…? 거기에 선을 감고 나머지 선을 잘라내는 건데 기준이 엄청 까다로워서 제가 만든 것 중 어떤 것은 "이거 불량품이라서 돈 못 줘요." 이런 것도 있었어요. 그럴 때마다 정말 열 받았어요.

전 : 그러니까 쉽지 않았네.

성 : 네. 그래도 돈을 좀 벌었어요.

전 : 이야… 그러면 그때 학교 중간에 다니긴 했잖아? 나중에 다시 갔지만, 그러면 지금 학교 다니면서 자전거 보고, 시멘트 청소하고, 사탕 팔고, 가발 만들고 막 이런 게 거의 사춘기 때네?

성 : 저 학교 못 다녔어요. 돈이 없어서…

전 : 아, 학교 그만둔 게 5학년이라고 했었던가?

성 : 11살에… 4년…? 4년이니까 11살 5월부터 중학교에 들어갔다가 그냥 나온 거거든요. 안 다닌 거예요.

전 : 거기 다 무상 교육 아니야?

성 : 말만 무상이던데…말만 무상이에요. 학교 가는 입학비나 이런 게 필요 없을 뿐이지… 나머지는 저희가 다 해야 해요. 교실 페인팅도 저희가 돈으로 사서 해야 하고, 겨울에 난로 때는 것도 저희가 돈을 내야 하죠… 별개로 내라는 게 엄청 많아요.

전 : 그러니까 학생들이 다 그걸 하는 거야? 교실 페인트도 학생들이 돈 모아서

페인트하고? 난로 때고 이런 거 다 학생들한테 돈 걷는 거야?

성 : 대부분 부모님이 내주시죠. 사람들이 다 말해요. 말만 무상 교육이지, 돈 내러 학교 가냐고… 먹고 살기 이렇게 힘든데…

전 : 음… 그리고 선생님들이 과외하고 돈 받고 이러잖아. 그치? 선생님들…

성 : 저는 잘 모르겠어요. 저는 좀 가난해 가지고 그런 건 몰라요. 좀 잘 사는 집 애들이 반장이나 부반장, 소년단 같은 거 해서 선생님한테 돈을 많이 갖다 주는 건 보긴 봤어요.

전 : 진짜? 근데 거기서 이렇게 일하고, 여기서는 와서 고등학교 갔잖아? 어떻게 여기서, 여기서는 알바도 하긴 하지만 거의 공부 중심으로 이렇게 하고 있잖아? 그렇게 두 국가에서의 삶의 경험을 비교해 보면 어때? 장단점이나 에피소드 같은 거 있어?

성 : 여기는 공부 스트레스가 사람을… 망치는 것 같아요.

전 : 진짜? 그러니까 여기 다 좋은데 공부 스트레스가 너무 많아?

성 : 아니… 그냥 사람들이 너무 빡세게 살아요. 여기… 일상을 둘러보고 서로 조화를 맞춰서 사는 게 아니에요. 너무 빡세게… 다들 뭔가를 바라보면서 가는데, 옆은 안 바라보고 앞만 보면서 가는 것 같아요.

전 : 근데 빡센 걸로 치면 북한이 더 빡세잖아…?

성 : 북쪽은 다른 게 빡세기도 하고, 제가 아직 말 안 한 것들도 있긴 한데…

전 : 또 있어?

성 : 네. 가발 만드는 거 그물에 하는 거 말고, 저… 양태 있잖아요…머리 땋는 거.

전 : 머리 땋는 거? 그걸 양태라고 그래?

성 : 예. 양태 딴다고 말하는데…

전 : 머리 뒤로 이렇게 따는 거?

성 : 네. 그런데 그런 걸 엄청 새끼손가락 두께만큼 얇게 땋는 게 있어요. 그것도 땋으면 얼마를 준다 해 가지고, 막 이거 했다가 "다시 물량 안 들어와요." 하면 다른 데 가서 이것도 해보고 막 이러는 거거든요.

전 : 그러니까 가발 머리인데… 가발 머리를 땋는 거야?

성 : 네. 저도 몇 개에 얼마 준다, 이런 게 있어서 그것도 했었어요.

전 : 그건 재밌을 것 같기도 한데. 약간.

성 : 재밌는데 스트레스 엄청 받아요. 왜냐하면 시작 부분과 끝부분 두께를 cm로 재고, 머리카락 두 줄을 세 줄로 만들어서 따는 건데 그 두께가 일정해야 하고 그런 게 있어요. 무게는 몇 그램 나와야 하는데 너무 많거나 적으면 또 혼나고…

전 : 되게 까다롭네. 그냥 땋는 게 아니네…?

성 : 다 까다로워요. 진짜… 돈 버는 게 쉽지 않죠. 정말… 이러면서 막 하거든요. 그리고 동그란 플라스틱에 동선인가? 구리로 된 선? 그런 걸 감는 것도 있어요. 제가 그거를 해 가지고 돈을 좀 벌었어요.

전 : 그럼 구리? 구리 같은 거야?

성 : 예. 구리죠. 구리인가…? 동인가? 아무튼 그런 걸 이렇게 감아서 돈을 벌었는데, 그게 선을 쭉쭉 길게 만드는 거거든요…? 엄청… 1m 넘는 그런 선을 개수랑 모양에 맞춰서 감는 건데, 제가 그거 하면서 손가락이 한 0.5cm 정도 파였어요… 살이… 선을 이렇게 감다 보니까 자꾸 살을 파먹거든요.

전 : 그러니까 되게 빨리빨리 그걸 해야 했었나 보네?

성 : 이렇게 해 가지고 확~ 확~ 다… 바늘이 이렇게 크고 굵어요. 그걸로 선을 이렇게 확 낚아채는데 손이 엄청나게 아파요. 막 뜨겁고…

전 : 그렇게 아프거나 이러면 관리자는 어떻게 조치해 줘? 거기서는?

성 : 뭐 어떻게 조치해요… 아프고 마는 거지…

전 : 그냥 알아서 하는 거야?

성 : 어쩔 수 없죠. 약국 아니… 딱히 뭐… 아무리 봐도 북한 사람들은 다들 혼
자서 해야 하니까 그런지 재능이 많아요. 대부분 어떻게 아프면 병원 가서
약 사는 게 아니에요. "약집에 가서 무슨 약하고 무슨 약 달라고 해. 그거
먹으면 나을 거야." 이런 식으로 하는 게 아니에요. 대부분 부모님이 해결
해주시죠. 어떻게 아시는지…

전 : 은영이는 어떻게 했어? 그 손 다쳤을 때…?

성 : 손 다쳤을 때요? 제가 여기에 뭔가 감았던 것 같아요. 테이핑 같은 천을 좀
감고 계속했던 것 같아요. 그래서 이쪽 손으로 했는데, 이쪽 손을 또 다쳤
거든요. 그래서 중지로 했는데, 얘도 또 파여 가지고…

전 : 어… 그러니까 부모님한테 말씀하거나 이러지 않고 그냥 혼자 알아서
했네?

성 : 말씀드려도 바뀌는 게 별로 없죠. "다쳤네…?" 다쳤다고 말씀드려도 바뀌
는 게 없어요. 나는 돈은 벌어야 하니까 그냥 해야지. 부모님의 걱정? 그냥
걱정된다고 일 안할 것도 아닌데 점점 티가 나는 것 같긴 하지만…

전 : 그러니까 거기서 오신 분들이 그런 얘기 많이 하더라고… 여기 사람들은
엄살이 심하다고, 조금 아파도…

성 : 네. 저도 엄살이 좀 심한 편이에요. 제가 제 몸을 굉장히 아끼는 편이거든
요. 그래서 힘들고 진짜 죽고 싶을 만큼이 아니라면 아프다고 티내는 걸
싫어해 가지고, 그래도 제 살을 많이 아끼는 편인데… 그런데 보면 잘 다
쳐요.

전 : 그래도 아프면 스스로 잘 관리하네.

성 : 네. 부모님, 특히 저희 엄마 같은 경우에는 제가 다쳐서 "엄마 여기 아파."
이러면, 엄마가 하시는 말씀이 "안 죽어. 걱정하지 마. 안 죽어, 안 죽어."
나는 죽는다고 말한 게 아니라, 아프다고 봐 달라는 건데 누가 죽냐고 물어
봤냐고…

전 : 지금도?

성 : "엄살피지 마." 지금도 그러세요.

전 : 그러니까 그 정도 아프면 안 죽는다고?

성 : 그래서 더 심하게 다치면 딱히 말도 안 하고 그냥 병원 가면 되지, 엄마한 테 말해도 달라지는 게 없어요. 엄마가 어떤 때는 발견하고 "뭐야? 다쳤 어?" 이렇게 물어보시고 "어디서?" "몰라. 어디서 다쳤겠지, 뭐. 안 아파, 이제는." 이제는 제가 엄마한테 별로 말 안 해도 엄마가 이렇게 보시고 좀 놀라는 정도거든요.

전 : 여기 요즘 교사들 얘기 나오고 하잖아? 조금만 아파도 '어떻게 했다.' 그러 고, 학교에 그런 친구들 많잖아. 그런 애들 보면 어때? 과잉 보호받고, 조 금만 문제가 있어도 엄마들이 학교 쫓아가고…

성 : 그런 애들은 북한의 돈 없는 가정으로 가서 한 달 동안 학교에 다녀봐야 돼 요. 엄마가 맨날 그런 뉴스 보면 "저런 애들은 북한에 한 번 보내 봐야 하 는데…" 이러시거든요. 왜냐하면 돈 없는 가정에서 학교를 가면, 학교에 내야 하는 돈을 못 내잖아요? 그러면 선생님이 때려요. 진짜로. 제가 9살 때, 선생님이 두꺼운 실내화를 신었는데 그게 중국 신발이거든요. 바닥이 플라스틱과 고무 같은 재질이라 맞으면 굉장히 아팠어요. 그 신발로 저를 찼어요. 배를 맞았는데 진짜 말 못 할 정도로 아팠어요. 검문도 있었고, 김 일성, 김정일 사진 전시하는 방이 있는데 그 방 청소해야 하거든요? 저희 집이 가난하다 보니까 걸레가 온전한 게 없고 그냥 수건 쓰다가 낡으면 걸 레로 쓰고 그랬어요. 그 당시 쓰던 게 검은색 걸레였는데, 물감이 좀 빠졌 어요. "그런 걸레 들고 와서 여기 닦는다"라고 하는 것도 있었고… 더운물 가져와야 하는데, 겨울에 찬물 가져와서 닦아야 하니까 막 다 모여서 발로 차고 그랬어요.

전 : 그러니까 학교마다 김일성, 김정일 사진이 있는 방이 따로 있는 거야? 방 이라고 해야 하나… 강의실?

성 : 네.

전 : 그러니까 거기를 학생들이 집에 있는 걸레를 갖고 와서 닦는 거네.

성 : 네. 사진도 닦고 바닥도 닦고 다 닦아요. 저는 집에서도 그렇게 청소해 본 적이 없어요. 쓸데없는 걸 넘어서, 애들한테 그런 걸 시키다니… 하여간 세뇌 교육이죠. 처음부터 아주 착실하게… 난리 나죠. 돈 못 내면 선생님이 부르거든요. "뭐 낸 사람, 못 낸 사람 일어서." 하루에 한 7~8가지 정도 되는 것 같아요. 그래서 그걸 못 내면 쌓이다 보니까 맨날 일어섰다 앉았다 하죠. 순수한 애들이 잠자리 날개 뗀다고… 그렇게 날카로운 말을 서슴없이 해요.

근데 또 보면, 어떤 면에서는 북한이 좀 더 나았다고 해야 하나? 그런 게 있어요. 애들이 강강약약이어서 강한 애들은 약한 애들을 괴롭히지 않거든요. 근데 가끔씩 삐져나오는 애들이 있어서 약한 애들만 괴롭히는 애들도 좀 있는데, 그런 애들은 다른 애들이 혼내요. "너 이렇게 키도 작고 약한 애를 왜 때려?" 이렇게 하면서…

전 : 친구들끼리 보호해 주고 그런다…?

성 : 그런 게 좀 강해요. 다른 반 애들이 우리 반 애를 때렸던 적이 있거든요. "야, 우리 반 어떤 여자애가 다른 반 여자애한테 맞고 있다." "야, 우리 반 애인데 걔가 왜 때려?" 이렇게 해서 애들이 나가서 말리거나 같이 때리거나 그렇게 해요.

전 : 진짜? 근데 거기에도 왕따 이런 거 많아? 여기처럼?

성 : 뭐라고 해야 하지…? 선생님이 저희 반에 정말 가난한 애들이 두 명 정도 있었는데, 잘 사는 애들이 자기 쓰던 필통이나 책 같은 거 갖다주거든요. 왕따… 왕따 개념은 없었죠. 개념은 없는데, 가끔 애들끼리 "야, 쟤랑 놀지 마." 이런 건 좀 있어요.

전 : 그럼, 이제 약간 그룹 짓고 이런 거는 어디나 또 있을 것 같긴 해.

성 : 그렇죠. 착한 애들은 착하고요.

전 : 그래도 애들이 되게 착하다. 자기 좀 잘 사는 애들은 가난한 애들한테 필통

도 주고 챙겨주고…

성 : 선생님이 챙겨주라고 하니까, 선생님이 칭찬도 해주고 그러거든요. 그리고 어떤 애들은 선생님이 말 안 해도 챙겨주는 애들도 있어요. 같이 학교 다니니까.

전 : 그랬구나. 그런데 이렇게 얘기하다 보니까, 거기 고향에서의 문화랑 여기는 확실히 공부 스트레스가 다른가봐?

성 : 거기도 공부 스트레스가 좀 있긴 한데, 거기는 등수를 다 기재하거든요. 칠판에 몇 등인지 다 써요.

전 : 칠판에 몇 등인지를 다 쓴다고?

성 : 네. 그래서 애들이 더 열심히 해서 부끄럽지 않은 점수를 만들기도 해요.

전 : 그런데 너희 반만 그랬던 거야? 아니면 다 그래?

성 : 거의 대부분이… 우리 학교에서는 대부분 반에 등수를 칠판에 써놓고 그랬어요.

전 : 그런데 지금 와서 생각해 보면 그거 되게 비인간적이지 않아?

성 : 그런 것 같아요. 남의 등수를 왜 공개할까요? 개인 정보인데…

전 : 그치. 그럼 여기에 좋은 점이 있나? 이런 성적 공개는 어쨌든 많이 안 하긴 하잖아.

성 : 근데 북한에는 그런 게 있어요. 범죄자들 있잖아요. 여기는 애들이 범죄를 저지르면 집행유예를 주잖아요. 저는 잘 몰랐는데 언니네 집 가서 언니랑 얘기하다 보니까 언니가 이렇게 말하는 거예요. 거기서는 애가 범죄를 저질렀으면, 예를 들어 살인을 했잖아요? 그러면 애가 클 때까지 나라에서 지원을 해주고, 성인이 되면 나라에서 처벌한다고 해요.

전 : 아니 근데 왜 바로 처벌을 안 하고 좀 키웠다가…?

성 : 애잖아요. 애니까 여기는 약간 용서해 준다, 이런 게 있잖아요. 북한은 애니까 성인이 된 다음에 혼낸다고 해요. 그냥 나라에서 학교도 다 지원해 줘

요. 걔는 마음을 졸여야 하는 거예요. '이렇게 살아야 해?' 하면서 마음이 불안한 거죠.[1]

전 : 어…그러니까 여기는 청소년 범죄 처벌하는 것도 다르겠지?

성 : 징역 보내야 하는데 애가 징역 보낼 만한 범죄를 저지르면, 징역 가기 전까지 먹을 것도 주고, 학교도 보내준대요. 그리고 성인이 되면 징역이래요. 그동안 원래 사형감인 애가 성실하게 행동하면, 나라에서 애들 정보를 수집한다고 하더라고요. 담임 선생님이 그 애의 성격이나 평소 행동을 다 제공해요. 그래서 모범적인 학생이면 사형에서 무기징역으로 바뀌기도 해요. 근데 한국 드라마 같은 걸 보고 어쩌고저쩌고 하면 상황이 달라질 수 있어요. 공포감을 조성하기 위해 사람을 죽여야 하는 경우도 있거든요. 그럴 때 잘못 걸리면 큰일나요.

전 : 유튜브 보면 그런 거 있잖아. 공개 총살 같은 거, 공포 정치하려고…

성 : 맞아요. 공포감을 조성하기 위해 하는 거예요. 이런 걸 하면 이렇게 되니까 너는 지금부터 하지 마… 보안원들이 집도 뒤지고 그러거든요. 거기는 개인의 프라이버시가 거의 없어요.

전 : 그렇구나. 사생활. 개인의 사생활, 그리고 자유와 권리 같은 건 지켜지기 어렵잖아?

성 : 맞아요. 국가권력이 좀 더 우선시 되는 나라죠.

전 : 그럼 그런 사생활 침해의 예가 있을까? 보안관들이 집에 들이닥쳐서 뒤지는 경우라든지.

성 : 그냥 집단으로 와서 집안을 살펴보거나, "저기 이불장 열어봐." 이런 식으

---

1   이 부분은 연구 참여자가 잘못 알고 있는 내용입니다. 북한에도 청소년 처벌을 위한 소년교양소가 존재합니다. 북한의 소년교양소는 청소년들이 큰 잘못을 저질렀을 때 주로 보내지는 곳입니다. 이곳에서 청소년들은 일정 기간 동안 교양과 단련을 받게 됩니다. 과거에는 보통 5년에서 10년 정도의 기간이었으나, 최근에는 처벌이 강화되어 성인과 동일하게 최대 12년형을 받을 수 있게 되었습니다. 이는 BBC가 입수한 북한의 '학습제강' 영상에서 확인할 수 있습니다(BBC, 2024, https://www.bbc.com/korean/media-67935571)

로 하기도 해요.

전 : 그러면 그 사람들이 무작정 들어올 수 있는 거야? 우리나라 경찰처럼 신분증 같은 건 없지?

성 : 그들의 옷이 사실상 신분증 같은 거죠. 요즘은 단위 보안원이 감시하러 다니니까, 동네 주민들끼리 "온다고, 온다고" 소문을 내기도 해요.

전 : 그런 정보를 다들 알고 있어?

성 : 말하고 오는 경우도 있고, 그냥 오는 경우도 있지만 대부분 정보는 있어요.

전 : 그럼 그들이 뭘 보러 오는 거야? 도청 장치 같은 게 있나?

성 : 예를 들어, 히터 같은 걸 감시하러 오는 거예요. 내가 어렸을 때, 6살, 7살 때 전기가 조금씩 들어왔거든요. 그래서 "히터 쓰지 말라."라는 지시가 있었어요. 그걸 감시하러 오는 거죠.

전 : 히터를 쓰는지 안 쓰는지? 전기세는 본인이?

성 : 아닌 것 같아요. 돈 많은 사람들은 전기세를 따로 내지만, 돈 없는 사람들은 전기가 들어오면 쓰고, 없으면 안 쓰는 거죠.[2]

전 : 야, 히터 쓰는 것까지 관리받아야 한다니, 정말…

성 : 맞아요, 그때도 불만이 있었지만, 지금 생각해 보면 인간 이하 취급을 당했던 것 같아요. 그리고 중국과의 무역이 있었던 것도 기억나요. 석지라는 게 있었거든요.

전 : 그게 뭐야?

성 : 사람들이 죽으면 장례식에 쓰는 종이 같은 거예요. 죽은 사람을 위해 날리는 종이도 있고, 배 모양 같은 것도 있어요. 노란 종이에 하얀 은박지를 붙인 걸 석지라고 부르는데, 그게 폐에 안 좋대요. 장수에 따라 돈을 계산하

---

2 북한의 전기세는 국정 가격으로 책정되어 있습니다. 그러나 대체로 국가에서 공급하는 전기가 들어오지 않아 사용이 어렵고, 대부분의 경우 돈을 주고 사적인 불법 전기를 사용하는 상황입니다.

는 방법도 있고, 어떤 집에서는 그 석지로 배를 만들기도 했어요.

전 : 그걸 은영이가 만들었어?

성 : 저도 했고, 가족들도 같이했어요. 처음에 내가 하다가 "짬짬이 같이 하자." 라고 했죠.

전 : 그 사람이 죽을 때 그 종이 같은 걸 관에 넣는 건가?

성 : 맞아요, 그런 걸 태우거나 하거든요. 우리가 만들었던 것들로…

전 : 만들어서…

성 : 근데 그게 사실인지는 모르겠지만, 사람들은 다 그렇게 알고 있었어요.

전 : '정확하진 않은데 그런 용도로 쓰이는 것 같다' 하면서… 이제 만드는 알바 같은 걸 한 거지?

성 : 예.

전 : 그러니까 그걸 누가 장마당에 내놓고 팔거나 중국으로…

성 : 아니요, 그건 따로 하는 집이 있어요. 이거 돈 버는 것도 다 인맥이 있어야 돼요.

전 : 아…

성 : 그냥 그 집에서 이렇게 하면 재료를 주고, 다 자기 집에 가져와서 밀어서 가져가요. 저 그거 진짜 많이 했던 것 같아요.

전 : 그래서 이제 갖다주고, 갖다주면 얼마 주고, 이런 식이네.

성 : 네. 돈 주거나 쌀 주거나 하면 가져와서 먹고…

전 : 응.

성 : 석지 민다고 말을 하거든요.

전 : 야, 근데 되게 신기한 게 여기 아까 그 부품 조립하는 것도 그렇고, 석지도 그렇고, 정확한 용도를 모르고 일을 하는 경우들이 종종 있네…? 이게 되게 신기한 것 같아.

성 : 많아요. 여기서는 뭔가 하려면 다 정보가 있어야 하고, 이게 합법적인 거고, 어디에서 하는 거고… 있어야 하잖아요? 그런데 거기는 그런 게 없어요. 왜냐하면 이거 안 하면 진짜 굶어 죽으니까… 진짜로. 그러니까 해야 해요. 아무거나…

전 : 당장 굶어 죽을까 봐 아무거나 일단 해 가지고 하루를 때우고 막 이런 거네… 그러니까 이게 무슨 일인지는 별로 안중에 없네. 뭐 그러든지 말든지…

성 : 안중에 없어요. 돈을 얼마나 주느냐가 중요해요.

성 : 그런데 다들 알고는 있어요. 이게 위법이 아니라는 건 알고 있기 때문에 하는 거지. 위법이었으면 하는 사람이 죽죠. 북한은 법이 너무 세서, 위법을 했다 하면 벌칙이 강해서, 위법을 안 하려는 경향이 많아요. 왜냐하면 돈도 없는데 법 위반까지 하면 징역 가야 하니까…

전 : 근데 거기 불법이 되게 많잖아…? 뭐 뇌물도…

성 : 돈이 있으니까 하는 거예요, 불법도. 돈 없으면 안 되죠… 돈 있으면 징역 6년에서 돈 많이 찔러주면 6개월까지 감형도 가능하니까 하는 거지… 돈 없는 사람이 불법을 해 봤자, 본보기로 "이런 일을 하면 이렇게 됩니다" 하고 징역 10년 때릴 수도 있으니까, 대부분 돈 없는 사람은 몸을 사리죠.

전 : 어떻게 보면 거기나 여기나 돈하고 인맥이 되게 중요한 건 똑같은 것 같다…?

성 : 그죠~ 어떤 때는 너무 급하면 약간 밀수라고 해야 하나, 그런 걸 좀 해서… 엄청난 불법은 아니고, 조금씩 야금야금 하는 그런 거는 대부분이 하긴 해요.

전 : 그렇구나. 지금 이거 네가 일했던 거 이렇게 짝 정리해 보니까 뭐가 느껴져?

성 : 겁나 많이 했네… 와~(웃음)

전 : 진짜 많이 했다. 여기서 너만큼 일 많이 한 10대들도 많이 없을 것 같아.

그렇지?

성 : 저는 나무도 잘 패고 그 도끼로 나무를 패잖아요. 그건 일에 포함되나요? 진짜 이렇게 굵은 통나무를 도끼로 쪼개서 하는 건데… 그건 거의 매일 했고… 나무가 없으면 할 수는 없지만…

전 : 그런데 그 나무 패기는 아궁이에 불 때려고 한 거야?

성 : 그렇죠. 근데 그걸 하면서 손도 많이 찍었어요. 와~~ 그래서 여기 상처가 남아 있어요. 도끼로 확 했는데, 어머나 "손을 찍었네."

전 : 그거 알바로 한 거야? 아니면 집안일로 한 거야?

성 : 집안일이죠.

전 : 그러면 이 나무는 어디서 가지고 오는 거야, 공짜야?

성 : 저희 아버지가 나무 원목을 다루는 직장에 다니셨는데… 직장을 옮겨 다니다가 그곳에서 나무를 좀 가져오셨어요. 그러면 부모님이랑 같이 톱으로 썰고, 다시 쪼개고 그렇게 했어요.

전 : 진짜 많이 했다. 나무. 그거 패는 게 10대 때는 힘이 좀 필요하잖아.

성 : 근데 제가 북한에 있을 때는 힘이 좋았어요. 지금도 힘이 좋긴 한데, 그래도 힘도 세고 체력도 좋고 튼튼해서, 나무도 잘 패고, 밥도 하고, 국도 끓이고, 반찬도 하고…

전 : 요리도 했어?

성 : 네. 부모님이 직장에서 늦게 오시면 요리는 자기가 알아서 해 먹어야 하니까 많이 했죠. 새벽 동원도 많이 갔어요.

전 : 그랬구나. 반찬 같은 건 주로 뭐 해?

성 : 감자볶음, 감자채라고 하거든요. 감자를 얇게 썰어서 볶아 먹는 건데… 감자가 제일 저렴하니까요.

전 : 감자는 마당에 심어서 했어? 아니면…

성 : 감자는 농사짓는 집도 있고, 그냥 장마당에서 사는 집도 있어요. 감자랑 인
　　조고기 반찬이에요. 인조고기도 사람들이 즐겨 먹는 것 중 하나예요. 감자
　　반찬이랑 인조고기 반찬.

전 : 인조고기는 두부지?

성 : 두부는 아니고, 콩으로 만드는 건데… 두부는 아니에요. 인조고기라고
　　해요.

전 : 콩 종류?

성 : 좀 짭짤한데, 콩 찌꺼기로 만든다고 해야 하나… 그런 거예요.

전 : 약간 비슷한 그런 스타일인가 봐.

성 : 아니요. 약간 뭐라고 해야 하지… 마른 거여서 이렇게 풀면 쭉 풀리는데,
　　이렇게 감아 가지고 그램 수로도 팔거든요. 이렇게 찢어서 먹을 수도 있
　　고…

전 : 여기서는 못 먹어봤지?

성 : 여기는 인천에 가면 있어요. 북한 음식점에서 파는 건 대부분 해산물이 많
　　죠…

전 : 근데 확실히 혜산 사람들 여기 많이 오더라.

성 : 그렇죠?

전 : 그렇지. 확실히 거기가 강 넘어가기가 좋잖아. 그 나선이나 이런 데보다,
　　그렇지?

성 : 그렇죠. 딱 중국 옆이니까.

전 : 근데 유튜브에 보니까 이건 좀 딴 얘긴데… 며칠 전에 유튜브에서 6시간
　　정도 헤엄쳐서 넘어갔다는 걸 보더라고… 한 20대 남자…

성 : 강을요? 압록강을?

전 : 응, 그렇게 나오더라고.

성 : 압록강을 6시간 헤엄친다고?

전 : 그러니까 정확히 압록강인지는 모르겠는데 그럴 거야, 내 기억에…

성 : 압록강을 6시간 헤엄친다는 건 강이 얼마나 넓으면 가능한 거지…? 그 강
은 1시간 헤엄친다 해도 진짜 헤엄 못 치는 사람이 죽기 살기로 기적적으
로 온 거라고 해야 하는데… 압록강이 그렇게 크지 않아요. 분명 큰 데는
크지만 6시간 걸릴 정도는 아니지 않나… 제가 헤엄을 못 쳐서 모르는 건
가…? 혜산에 살 때 압록강은 작았어요. 큰 데가 얼마나 큰지는 잘 모르겠
는데…

전 : 그 압록강 브로커 잘 만나면 돈 많이 주면, 무릎 정도 물 높이로도 건너온
사람들 있다던데?

성 : 그렇죠. 그리고 압록강 저기 위쪽으로 계속 올라가다 보면 강물이 거의 시
냇물처럼 조금씩 흐르는 데가 있어요. 거긴 진짜 훌쩍 뛰어넘어도 돼요. 경
비가 좀 삼엄할 뿐이지… 진짜 거기는 중국이랑 땅이 거의 다 이어져 있어
요. 근데 거기로 가는 사람이 굉장히 많아서, 거기 경비가 삼엄하잖아요.

전 : 근데 거기서 어느 정도 헤엄쳐서 건너면, 처음에 여기 건널 때만 총으로 쏘
면 죽는 거고, 어느 정도 건너면 총을 쏘지 못한다면서?

성 : 그래요? 중국은 위험해요. 중국 경찰에게 잡히면 북한으로 송환되어 정말
큰일이 날 수 있어요. 진짜로 목구멍에 고춧가루를 밀어 넣고, 고통스러운
상황이 될 수 있어요…

전 : 음… 그래도 북송되거나 그런 건 없으니까 그냥 직행이라고 봐야지? 그
치? 악어에게 물릴 뻔한 적은 있었어도…

성 : 그냥, 저 총에 맞아 죽을 뻔한 적도 있어요. 라오스에서 라오스 경찰들이
총을 가지고 다녔는데, 진짜 총이더라고요.

전 : 아…

성 : 저 죽을 뻔했어요. 그때 생각이 들더라고요. 이렇게 많이 일하고, 제가 번
돈을 제가 쓰고 싶었지만 참았어요. 참고 또 참았는데, 마지막에 딱 와보니

까 '저 총에 맞아 죽을 수도 있구나…' 하니까 갑자기 '왜 그렇게 열심히 살았지?' 너무 후회가 됐어요.

전 : 그때는 숨어 있을 때야? 그러니까 직접적으로 너한테 위험이 온 건 아니지?

성 : 위험이 온 건 아니었지만, 경찰이 있던 데랑 우리가 숨어 있던 데가 4m에서 6m 사이였어요. 거의 새벽이었거든요? 까딱하면 거기서 조금만 잘못하면, 경찰이 셋이 있었어요. 우두두두두두… 하면 그냥 몸에 총알이 다다 다다 박혀서 죽는 거고…

전 : 근데 그때 예전 나한테 얘기해줬던 갓난아기, 걔도 있었어? 근데 걔는 어떻게 안 울었냐? 진짜 신기하다.

성 : 걔는 눈을 떴는데도 안 울었어요.

전 : 자고 있었던 게 아니라 눈을 뜬 거야?

성 : 자고 있다가 이렇게 눈 뜨고 보는데, 사람들이 다 '쉬쉬'하고 말도 못 하고 제발, 제발, 제발… 막 이러고 있었어요. 그런데 걔는 그냥 이렇게 보더니 다시 이렇게 하고 잤어요. 어떤 때는 가만히 멀뚱멀뚱 이렇게 있는 거예요. 애가… 그게 정말 신기했어요.

전 : 걔 만나봤어? 좀… 걔 어디 있는지 알아?

성 : 아니요. 여기 와서는 잘 모르겠어요. 페이스북으로 걔네 엄마가 걔 사진 올리고, 보고 하는데…소식은 모르죠.

전 : 그렇구나. 그럼 '일'에 관해 다시 얘기해 보자. 거기 있을 때와 여기랑 좀 다르게 변한 점 있을까? 거기서는 뭐라고 생각했었어?

성 : 일이란 생계죠. 생계.

전 : 그치… 그러면 여기서는?

성 : 여기서도 일이란 생계긴 한데 생계 플러스 뭔가… 뭐라고 해야 하지? 좀 더 내가 좋아하는… 그런 거? 여기서도 일은 생계이기도 하고, 내가 좋아

하는 무언가이기도 하고 또 나의 가치관이기도 한 것 같아요.

전 : 이거는 뭐 어떤 의미야? 가치관?

성 : 여기는 일에 의미도 있다는 거예요. 그 일에 대한 자부심이나 이런 게 있는 거죠. 거기서 일하면 자부심이고 뭐고 간에 그 일에 대한 그런 게 없고 '이 거 못하면 큰일 나니까 빡세게 해야 해.' 이런 느낌이죠.

전 : 그랬구나.

성 : 여기서는 그런 게 좀 있긴 하지만 그 정도까지는 아니고, 여기서는 그래도 뭔가 좀 '내가 나의 가치관에 맞게 하자.' 그러니까 좀 의미가 있는 것 같 아요.

전 : 그러면 여기서 네가 중요하게 생각하는 가치관 있어?

성 : 저요? 저는 남한테 피해 안 끼치고 후회 없는 내일을 사는 게… 자유를 누 리면서 후회 없는 내일을 사는 게 좋아요. 자유가 중요해요. 자유를 누리면 서 후회 없는 내일을 사는 거죠. 뭔가를 이루고 막 그러기보다는 저는 이제 살아보니까 그런 건 죽을 때 되니까 필요가 없더라고요. 내가 아무리 뼈 빠 지게 일하고, 손해를 감수하면서 일해도, 내가 언제 죽을지 모르잖아요. 죽 을 때 되면 '그렇게 하지 말걸… 사랑한다고 말할걸…' 이런 것보다도. 이 제 죽을 때 돼도 '나는 내 주위에 있는 사람한테 사랑한다고 말했고, 나의 후회 없이 내가 하고 싶은 일을 했고, 하고 싶은 걸 못 하더라도 그중에서 도 후회 없는 걸 골랐고…' 이런 게 좀 중요한 것 같아요. 제가 중국에서부 터 엄청나게 후회했거든요.

연구자 노트

죽음의 고비를 경험한 사람들의 공감할 수 있는 가치관이나 삶의 경험이 아닐까 싶습니다. 어린 나이에 이렇게 성숙하고 삶의 가치관이 명확한 소녀는 정말 놀랍고, 그 구절 또한 인상적입니다.

전 : 왜?

성 : 이제 알았죠. 이제… 까딱하면 죽는다는 걸 깨닫고, 너무 열심히 일했어요. 제가 좋아하는 것보다 가족들을 더 신경 쓰게 되었고, 항상 내가 먹고 싶은 것은 뒤로 미루고… 내가 일하는 것은 내가 돈을 벌기 위해서지만, 결국 가족을 위해서였거든요. 항상 돈을 아껴 쓰고 많이 벌려고 했는데, 막상 보니 내가 죽어도 우리 가족은 그걸 알지 못하겠구나… 이게 무슨 의미가 있나 싶어서…

전 : 그래? 이미지로 표현한다면? 일은 어떤 상징으로 표현할 수 있을까?

성 : 새? 창공을 나는 새 정도… 근데 그 새가 후회하는지 안 하는지 모르겠어요.

전 : 그치? 너는 예전에는 정말 열심히 살았잖아.

성 : 후회만 남더라고요. 지금은 '사는 대로 살자.' 하고 있어요. 그러니까 살아지는 대로 사는 거죠. 흐름대로 살아가는 삶, 후회 없는 삶 말이에요.

전 : 음, 네가 많이 일한 부분에 관해 어머니가 인정해 주셔?

성 : 저희 어머니는 항상 "너만 그렇게 일한 거 아니야"라고 하세요. 저는 세상에서 이런 말을 제일 싫어해요. "너만 아픈 거 아니야, 다 힘들어. 너만 특별한 거 아니야, 다 힘든 거야. 뭐라고 징징거리지 마." 그러면 인생을 왜 삽니까?

전 : 근데 어머니가 여기 온 지 몇 년 되셨는데도 바뀌지 않네? 조금 바뀌는 분들도 계시던데…

성 : 모르겠어요. 바뀔 것 같지 않습니다. 그냥 '엄마가 바뀌기 힘든 것 같으니까 내가 좀 더 이해하자.' 이렇게 하고 살고 있어요.

전 : 음…

성 : 그냥 말을 안 하기로 했어요. 저는 어렸을 때부터 포기가 좀 빨랐거든요. 포기하는 법을 좀 빨리 배워서… 대부분 포기라고 생각하면 쉽게 생각하잖아요? 안 되니까 포기하는 그런 거… 포기하는 게 의외로 되게 어렵더라

고요. 포기가 쉬운 게 아니라… 너무 간절해서 어쩔 수 없이 포기하는 거더라고요. 쉬운 게 아니에요…

전 : 음… 내가 볼 때 진짜 일 많이 한 거 같다. 여기 60~70년대에 고생했던 사람들이 하는 일보다도 더 많이 한 거 같기도 해.

성 : 먹고 살려니까… 일을 많이 해야 하더라고요.

전 : 그치…

성 : 아침 동원, 동원 나갔어요. 새벽 동원이라고 하는데…

전 : 새벽 동원이면 몇 시에 나가는 거야? 대충.

성 : 4시 반에서 6시.

전 : 4시 반에서 6시…? 그때 가서 뭐 하는 거야? 꽃 심고 한다던데. 맞나?

성 : 그런 것도 하고 겨울에는 도로에 눈이 있잖아요. 눈을 치워야 돼요.

전 : 그런데 그런 거 가족 단위로 할당 주잖아. 가족이 3명이면 자갈 몇 킬로 캐오라… 하고.

성 : 네, 맞아요.

전 : 지금 생각하면 돈도 안 주면서, 어떻게 살았나 싶지 않냐?

성 : 너무 열심히 살았죠…

전 : 그런데 너는 집안이 어려워서 이렇게 했지만, 또 집안이 어렵다고 다 열심히 살지는 않던데…

성 : 그래요?

전 : 어.

성 : 집안이 어려우면 대부분 열심히 살잖아요…?

전 : 다 그렇진 않은 거 같아. 너는 신념 같은 게 있는 것 같아.

성 : 그런 게 있어야죠. 살아가려면. 내가 이제 일할 수 있고, 돈 벌 수 있는데…

전 : 그런데 다 그렇게 성실하고 신념이 있는 건 아니더라고… 친구 중에도 그런 애들 있잖아.

성 : 좀 있긴 해요.

전 : 그러니까 내 돈도 내 거고 남의 돈도 내 거고, 막 이런 스타일? (웃음)

성 : 맞아요. 저 그런 집에서 사느라 되게 고달팠던 것 같아요. 내 돈도 내 거고 남의 돈도 내 거고 하다 보면 언젠가 자기도 그렇게 돌려받게 돼 있어요. 그렇게 생각하는 사람한테…

전 : 진짜? 그런데 너는 종교가 있는 것도 아니잖아. 부모님이 그렇게 가르쳐 주셨어? 어렸을 때 가정 교육을? 사람은 성실하게 살아야 한다고?

성 : 예, 그런 것도 있죠. 그것도 있고 그냥 학교에서 다 그렇게 가르치죠. 대부분 학교에서 성실해야 한다고…

전 : 그런데 내가 20대 대학생 (탈북한) 언니한테 들었거든, 거기서 온 언니한테. 근데 그 애 되게 예뻤대. 자기가 거기 있을 때. 근데 그 학교에서 공부할 때 몇 명이 와서 뭐라 그러지? 김일성, 김정은한테 뽑혀가는 거 뭐라고 하더라? 그거 되게 영광으로 생각하는 거 있잖아… 뭐라고 하더라?

성 : 5과라고 해요. 5과.

전 : 그러니까 예쁜 애들 뽑아가는 거? 그래 가지고 들어와서 애들 몇 명 예쁜 애들 집어 가고… 그런 거… 이렇게 가면 가족들이 영광이라고 생각한다고 하더라고…?

성 : 맞아요.

전 : 근데 그 뽑으러 오는 사람들의 명칭이 정확히 뭐냐? 거기서 뽑는 사람들…

성 : 5과에서 왔다고 해요. 5과.

전 : 그 사람들의 기준이 뭐야? 예쁘다거나…

성 : 저는 잘 모르겠어요. 그냥 진짜 객관적으로 봐도 예쁜 거 그런 거 아닐까요? 키도 크고 몸매도 좋고, 건강도 좋고…

전 : 그런 건 어떻게 보면 일단 등록금만 해도 한 학기에 400만 원이라고 치면, 넌 북한에서 등록금은 일단 정부에서 주는 것도 있고… 물론 직업도 찾아야지.

성 : 직업 찾기라기보다는 사람이랑 같이 사는데, 너무 외롭다고 해야 하나…? 애들이랑 얘기하다 보면 같이 추억 나눌 것도 없고, 공통성이 없으니까, 말도 별로 못하게 되고, 그러다 보니 잘 어울리지 못하는 거죠.

전 : 근데 고향 친구들 있잖아… 하나원 동기나 선후배 그런 사람들끼리 만나면 고향 얘기도 하고, 맞는 게 많이 있잖아?

성 : 맞아요. 근데 다들 할 게 많죠.

전 : 잘 안 만나?

성 : 동기는 다 성인이라서 시간도 잘 안 맞고…

전 : 그러네.

성 : 언니들도 바쁘고… 외로운 것 같아요. 제가…

전 : 그렇구나. 그럼, 네가 북한 사람이라는 게, 여기서 공부하고 있는데 장점으로 작용하는 게 있을까?

성 : 북한 사람이라서 딱히 장점이 있는 것 같지는 않아요.

전 : 그러면 거꾸로 단점이라 치면?

성 : 단점이라면, 장점은 솔직히 북한에서 와서 경험이 많아져서 그런 노련함이 생긴 것 같아요. 뭐라고 해야 할지…

전 : 경험이 많은 거?

성 : 네, 그런 점은 장점인 것 같고, 단점은 친구들이랑 이야기할 때, 애들이 초등학교 어디 나왔는지 많이 이야기하는데, 나는 할 말이 없어요. 같이할 추억이나 이야깃거리가 없어요.

전 : 그러네. 초등학교 어디 나왔는지, 어떻게 지냈는지 이야기하니까… 그런 얘기에서는 북한에서 왔다는 걸 아는 애들은 이해해 주지만, 그렇지 않으

면 공유할 수 있는 게 많이 없겠네. 그런데 경험이 많다는 게 장점이라고 했는데… 그 경험이 고생한 게 많잖아…?

전 : 네. 그런 게 어떤 부분에서 장점으로 작용해? 예를 들면 멘탈이 강해지거나, 아니면…

성 : 멘탈도 강해지고, 생각이… 제가 어렸을 때랑 지금 생각하는 게 많이 다르죠.

전 : 네 또래에 비해서도 좀 다른 걸 느껴?

성 : 네. 애들이랑 얘기하다 보면…

전 : 어떻게 보면 네가 해본 게 많다 보니까, 이해의 폭이나 이런 게 좀 넓어질 수도 있겠다. 어떤 면에서…

성 : 이해의 폭이 넓어진 게 많은 것 같아요.

전 : 아까 얘기해 준 아르바이트 중에서 북한에서 가장 너한테 잘 맞았던 건 어떤 거야?

성 : 저는 모든 일을 잘했어요.

전 : 다 잘 맞았어?

성 : 네, 잘했기 때문에 그걸로 돈을 벌 수 있었죠. 속눈썹 만들러 갔는데 그건 많이 해보지 못해서 안 했고… 잘 맞았기 때문에 할 수 있었던 것 같아요.

전 : 응.

성 : 이렇게 돈을 버는 것은 꾸준히 해야 하거든요.

전 : 그런데 대체로 일하는 스타일이 다양하잖아. 가발 만들기, 시멘트 청소하기, 사탕 만들기… 그런 것들을 잘했다는 건 너에게 재능이 있다는 뜻인가? 손재주라든지…

성 : 네, 손재주가 좋아요. 엄청 잘해요.

전 : 적응력도 좋은 것 같아. 여러 가지 일에 빨리 잘 적응하는 것 같아.

성 : 적응력도 만렙[3]이고, 손재주도 좋고… 뭐라고 해야 할까요? 욕망이라고 해
　　야 하나? 살고자 하는 의지도 좀 있고, 저는 하고자 하는 일이 있으면 할
　　수 있어요. 안 하니까 문제가 되는 거죠.

전 : 그럼 그런 의지는 어디서 나올까?

성 : 굶어서 죽기 직전이 되면 의지가 생겨요. 죽을 순 없잖아요… 하지만 저도
　　솔직히 잘 모르겠어요. 남들보다 살고자 하는 의지가 더 강한 건지…

전 : 뭐 때문인지는 정확히 모르겠지만, 어쨌든 닥치면 일을 잘하네.

성 : 네, 전 다 열심히 해요.

전 : 네가 일 선택할 때 중요하게 생각하는 요소는 뭐야? 적성? 재능? 급여 수
　　준? 쾌적한 환경? 부모님의 기대? 여러 가지 요인이 있잖아.

성 : 제가 앞으로 할 일은 부모님의 기대와는 상관없어요. 제가 해서 먹고 살아
　　야 하니까, 부모님의 기대는 제 인생과는 무관해요. 그리고 돈도 중요하
　　고…

전 : 응.

성 : 적성이나 재능? 솔직히 재능이라는 말은 열심히 하면 다 재능충이 될 수
　　있지 않나 싶어요…

전 : 너는 어느 정도 생각하고 있어?

성 : 그냥 먹고 살 만큼 있으면 돼요. 욕심이 많지 않아서…

전 : 먹고 살 만큼이 어느 정도일까?

성 : 한 달에 300만 원이 필요하다면 그 정도는 있어야겠죠… 그런데 저는 일
　　하나만 할 생각은 없어요. 하나 하면서 여유 시간도 갖고… 너무 급하게
　　가면 내가 원했던 걸 잊어버리더라고요. 여유를 가지고 현재를 즐기면서,

3　"만렙"은 "만 레벨"의 줄임말로, 주로 게임에서 캐릭터가 도달할 수 있는 최고 레벨을 의
　미합니다. 이 용어는 게임 외에도 다양한 분야에서 "최고의 상태"나 "완벽한 경지"를 의
　미하는 데 사용되기도 합니다.

초심을 잃지 않고 해야 해요.

전 : 제일 좋은 것 같은데… 여유를 가지려면 급여 수준이 좀 높아야 하지 않나? 대체로.

성 : 그런 것도 있겠고요. 제가 경험한 바로는, 일을 하고 나서 그걸로 조금이라도 먹고 살 수 있는 돈이 생기면, 나머지 시간이 생겨서 마음이 여유로워지더라고요. 사람이 좀 유해진다고 해야 하나? 성격이 좋아지고…그러다 보면 내가 뭘 하려고 하는지, 이런 게 좀 더 확고해지더라고요. 뭐 하나만 볼 수 없고, 좀 더… 그걸 하려면 먼저 자기를 이해하는 게 제일 중요한 것 같아요.

전 : 그러니까 네가 뭘 좋아하는지가 중요하지… 가족이나 주변의 부모님 기대 같은 건 그렇게 중요하지 않네?

성 : 그렇죠. 내가 좋아하고 잘해야… 나중에 부모님이 나이 드셨을 때도 돌봐 드릴 수 있는 거고… 나도 열심히 하고…

전 : 북한에 있을 때는 가족 때문에 그렇게 열심히 일한 거잖아? 여기와서 그게 좀 바뀐 거야?

성 : 네.

전 : 뭐 때문에?

성 : 저를 위해서요? 내가 그렇게 열심히 했는데, 나한테 남는 게 후회뿐이라니 너무 하잖아요. 그렇지 않아요? 내가 열심히 했는데 나한테 남는 건 아무것도 없어요. 곧 죽는데? 내가 죽는 건 누구도 몰라요.

전 : 근데 그런 얘기 많이 하잖아. 좋아하는 일과 잘하는 일 중에 어떤 게 더 중요하냐고. 너한테는 어떤 게 중요해?

성 : 좋아하는 일과 잘하는 일 중에요? 좋아하는 일이랑 잘하는 일이 어떤 게 더 중요하냐…

전 : 내가 아는 애가 피아노를 못 치거든. 그래서 피아노 학과를 가려고 했는데, 선생님이 피아니스트가 되기엔 좀 어렵다고 했대. 근데 걔는 결국 포기를

안 하고 계속하더라고. 재능은 엄청 떨어지는데 계속 피아노를 한다고 고집 피우는 거야. 그러니까 계속 떨어져서 대학을 못 가고 있거든.

성 : 선생님은 세상에서 제일 무서운 사람이 어떤 사람이라고 생각해요? 재능이 있는 사람과 그럭저럭 하는 사람, 재능이 없지만 열심히 하는 사람 중에서… 어떤 사람이 제일 무서운 것 같아요?

전 : 어떤 사람이 제일 무섭냐고?

성 : 무섭다는 의미가 성공할 것 같냐고요.

전 : 성공할 것 같냐고? 재능이 있고 어느 정도 노력하는 사람.

성 : 근데 재능 있고 노력하는 사람은 선택지에는 없어요.

전 : 그럼 재능이… 글쎄, 재능이 없으면 성공하기 어려운 것 같아. 조금은 있어야 하는 것 같아.

성 : 근데 재능이 아예 없을 수가 있나요?

전 : 그러니까 그게 수준에 따라 다른 건데, 걔가 피아노를 아주 못 치는 건 아니지만 입시로 하기에는 좀 아닌 거지. 그래서 무시당하는 거야.

성 : 열심히 한다면 누군가 무시할 때 그걸 원동력으로 삼으면 돼요. 저처럼… 공부 못한다고 무시당해 가지고 엄청 열심히 해서, 공부 못한다고 말하는 애보다 더 높은 점수를 받았거든요.

전 : 진짜?

성 : 네. 너무 열받잖아요.

전 : 그치. 너 그때 공부 못한다고 친구들이 무시했었어?

성 : 한 애가, 나이도 어린데… 저랑 같은 학년 다니고, 똑같이 부르고 이런 거 싫어했거든요. 제 성적이 처음에 갔을 때 처참했죠. 제가 공부도 못 하고…

전 : 그렇지. 근데 네가 오기를 갖고 했나 보다?

성 : 기분 나쁘잖아요. 나에 대해 뭘 얼마나 안다고…

전 : 그치, 그치… 그런 오기가 있네.

성 : 그런 경우 진짜 많아요.

전 : 막 이기고 봐야 해?

성 : 아니, 누군가를 이기고 싶다기보다는 나를 무시하는 사람에게… 나를 무시하는 사람이 있다면 밟아주고 싶어요.

전 : 아…그러니까 꼭 이기고 싶은 건 아니지만, 나를 무시하면 가만히 있지 않고, 밟아주는 스타일? (웃음)

성 : 네. 굳이 누군가를 이기고 싶지 않고 유유자적 살고 싶은데, 나를 무시하는 인간이 있으면 밟아주고 싶어요. '네가 뭔데 나를 무시해? 내가 얼마나 대단한 인물인데…' 이렇게? 근데 제가 생각해 보니까, 제가 이렇게 열심히 하는 데는 저에 대한 자기애가 좀 있는 것 같아요. 자기애가 없다고 해야 하나…? 자기애가 있으니까 이제 좀 더 열심히 하는 거예요.

전 : 어. 근데 "뭐 있기도 하고 없는 건" 어떤 의미야?

성 : 열심히 살아서 나를 잘 먹이고 싶은 자기애는 있지만, 나를 어떻게 돌볼지는 부족한 것 같아요.

전 : 그렇구나. 한국 요즘에도 차별 같은 게 있잖아? 북한에서 왔다는 이유로 차별받는 경우가 없진 않잖아. 사람마다 다르지만, 이런 차별이 완화될 수 있다고 생각해?

성 : 그렇죠. 차별은 내가 다른 사람을 인정하지 않을 때 생기는 것 같아요. 웃긴 건, 차별은 다르다는 걸 인식할 때부터 시작된다는 거죠. 내가 다른 점을 인정할 때는 "그럴 수도 있구나"라고 받아들이지만, "나랑 다르네?"라고 생각하면 벌써 차별이 되는 거죠.

전 : 그럼 그런 건 어떻게 해야 할까? 너는 어떻게 생각해?

성 : 경험이 쌓여야 하지 않을까요? 좁은 세상만 바라보면 그런 생각이 생기는 것 같아요. 나는 노란색 우물에서 살았는데, 어느 날 초록색 개구리가 들어

오면 그게 이상하게 느껴지죠. 하지만 다양한 색깔을 경험하면 "쟤는 초록색 나라에서 왔구나"라고 인식할 수 있게 되죠. 계속 노란색만 있으면 "왜 저런 애가 여기 있어?"라고 생각하게 돼요.

전 : 맞아. 그런데 여기 태어난 애들은 북한을 경험하지 못했으니까, 또 부모님 밑에서 자라면서 여기 환경만 보통 보니까.

성 : 글쎄요. 부모님의 사랑을 많이 받아서 부럽기도 하고… 우물 안 개구리라기보다는, 나는 너무 일찍 경험한 것뿐이지, 얘네가 늦은 건 아니라고 생각해요. 그 애들은 그냥 자기 나이대로 사는 거니까요. 어른들도 그런 사람들이 있잖아요. 그런 사람들은 진짜 우울한 경우죠. 나가서 경험도 안 해보고 판단만 하니까, 바뀌는 게 없겠죠.

전 : 그치. 만약 너에게 발언권이 있다면 정부나 사회에 대해 뭐를 얘기하고 싶어? 이 부분에 대해서…

성 : 애들을 너무 오냐오냐 키우지 않았으면 좋겠어요. 그리고 범죄자 인권도 너무 챙기지 않았으면 좋겠어요.

전 : 범죄자 인권?

성 : 교도소 밥만 봐도, 중학교 급식보다 좋은 것 같거든요. 학생들이 나라의 미래인데, 범죄자를 챙기느라 학생을 소홀히 하면, 대한민국에 대한 애정이 남아 있을 학생이 얼마나 될까요?

전 : 그러니까 너무 허용적이고… 왜 범죄자를 이렇게 챙기지? 이런 생각인가? 그럼, 어떻게 하는 게 좋다고 생각해?

성 : 범죄에 대한 벌이 엄하면 범죄를 저지를 생각을 못 하죠. 엄한 벌이 필요하지만, 우발적인 범죄에 대해서는 다르게 접근해야 해요.

전 : 진짜? 그러면 최근에 일어난 사건 있잖아. 분당에서 칼로 찔러서 죽인 그 사건… 그 사람한테는 어떤 처벌이 정당하다고 생각해?

성 : 솔직히, 갑자기 자기와 일면식도 없는 사람에게 무작위로 칼로 찔러서 죽였던가요?

전 : 한 명이 죽고 한 명은 중태인가…? 그럴걸?

성 : 눈에는 눈, 이에는 이죠. 사형해야 한다고 생각해요. 이런 사건이 발생했을 때 본보기 같은 처벌이 필요하다고 봐요. 벌이 약하면 사람들이 "벌도 안 주는데?" 하고 우습게 볼 거예요. 처음에 어떻게 관리하느냐에 따라 두 번째, 세 번째 사건이 정해질 수 있으니까요. 그런 초기 처벌이 중요하다고 생각해요. 그리고 누군가를 죽였는데 "이 사람도 인권이 있어요."라고 챙겨준다면, 죽은 사람은 인권이 없는 건가요? 아니잖아요. 갑자기 그 사람도 가족이 있고 열심히 살던 사람인데 그렇게 죽으면 너무 억울하죠.

전 : 그렇군…

성 : 저는 북한에서부터 그런 사고방식이 있었거든요. 눈에는 눈, 이에는 이… 그런 개념이죠. 누군가의 눈에서 눈물이 나게 할 때는 자기 눈에 피눈물이 날 각오를 해야 한다고 생각해요. 왜냐하면 내가 먼저 했으니까요. 법이 너무 물렁물렁해요. 근데 법이 진짜 물렁물렁해요. 음주 운전도 처벌이 별로 안 되잖아요. 판사들 보면 집행유예 많이 주고, 반성문 쓰고 집행유예 주는 경우도 많고…

성 : 아이패드로 그려봤어요. 푸르른 하늘과 구름이 조금 있고, 밑에는 풀숲이 있어요. 초록색은 편안함을 주기 때문에 눈에도 피로가 없고, 자유로움을 느끼게 해요. 편안함에서 나오는 자유거든요. 아무리 돌아다녀도 불편하면 그건 자유가 아니니까요. 그래서 편안한 자유를 의미하는 초록색을 그렸어요. 나무는 가치관을 의미해요. 뿌리가 땅에 깊게 박혀 있어서 나를 만들기도 하고, 가치관이 바뀔 수도 있지만, 일단 내가 좋아하는 가치관은 굳건하고 억세야 한다고 생각해서 나무를 그렸어요.

전 : 음…

성 : 푸르른 건 가치관이 깨끗하다는 의미를 담고 있어요.

전 : 그 가치관이 깨끗하다는 건 뭐야?

성 : 가치관이 깨끗하다는 건, 상식 없이 믿음만 있는 사람이 진짜 무섭거든요.

〈연구 참여자가 그린 그림〉

전 : 상식 없이?

성 : 네. 사이비 종교를 믿는 사람처럼, 상식 없이 믿음만 있는 사람이 진짜 무
서워요. 그런 사람들은 자신이 믿는 게 최고라고 생각하고, 안 믿는 사람은
안 좋게 보니까요. 소설 속 캐릭터 중에도 그런 캐릭터들이 있어요. 믿음이
너무 강해서 자신을 해치기도 하고, 상식이 없기 때문에 무엇이든 할 수 있
어요. 그래서 건강한 가치관이 필요하고, 나의 권리를 챙기되 남의 권리는
침해하지 않는 한 나무를 그렸어요. 내 권리만 챙기고 남의 권리를 다 침해
하면 그건 아니잖아요? 그리고 이제 여기 검은 거는 비닐봉지예요. 검은색
비닐봉지. 바람에 날려…

전 : 뭐야?

성 : 바람은 약간 변화 같은 거기도 해요.

전 : 음.

성 : 인생의 변화는 필요하니까, 작든 크든 변화가 있어야 하고… 그 변화로 인
해 오늘의 뒷감당은 내가 다 해야 하니까.

전 : 근데 이게 쓰레기봉투야? 검은색?

성 : 이걸 쓰레기봉투라고 보면 쓰레기봉투고, 나의 어떤 좋은 걸 담은 봉투라
고 보면 그런 봉투기도 해요.

전 : 뭐든 될 수 있네.

성 : 뭐든 될 수 있어요. 그게 봉투가 아니라 뭔가를 담았다면 담은 거고… 아
니면 소중한 걸 담았는데 놓지 못해서 잃어버린다면 잃어버리는 거죠. 의
미를 어떻게 담느냐에 따라 달라지기도 해요.

전 : 그럼, 지금, 현재 시점에서는 뭐가 담겨 있어?

성 : 빈 봉지예요. 하지만 빈 봉지는 가볍잖아요. 그래서 바람에 날려서 이리저
리 왔다 갔다 할 수 있어요. 이 봉지가 이쪽으로 부는 바람에 날아갔지만,
다시 올 수도 있어요. 그러니까 나한테 이미 있는 거일 수도 있고 없는 거
일 수도 있죠. 뭔가를 찾는 과정이라고 해야 하나…

전 : 근데 어떻게 보면 바람이 부는 방향은 내가 통제할 수 없는 영역이잖아.

성 : 네. 바람이 부는 방향은 통제할 수 없지만, 내 방향은 내가 바꿀 수 있잖아
요. 바람이 왼쪽에서 오른쪽으로 분다면, 내가 반대로 앉으면 바람이 오른
쪽에서 왼쪽으로 부는 거죠. 비닐봉지가 날아간다고 생각하면 날아가는
거고, 내가 날려가도록 뒀다면 비닐봉지도 자유를 찾아서 가는 거고… 내
가 잃어버렸다면 잃어버린 거고…

전 : 내가 잡을 수도 있고, 아닐 수도 있고… 그러네.

성 : 그렇죠. 바람이 세게 불지 않아서 나무가 흔들리지 않잖아요. 그 정도로 세
게 부는 건 아니죠. 잡고 싶으면 잡을 수도 있어요. 일어나서…

전 : 얘가 너야?

성 : 네. 거리도 가깝고…

전 : 얘 지금 뭐 하고 있는 거야?

성 : 이렇게 하고… 이렇게 바람을 느끼고 있는 거예요.

전 : 어… 그래서 뭐 생각하는 거야?

성 : 뭘 생각하냐고요? 자연의 향기를 맡고 있는 거예요. 하늘은 하나잖아요. 그래서 약간 편견 없는…? 그런 걸 생각하고 있었어요. 제가 여기저기 다니다 보니까 사람들의 편견이 서로를 좀먹더라고요. 하늘은 하나고 인간도 하나고, 피부색 어쩌고저쩌고 가르는 거… 저 진짜 별로거든요. 흰색은 태우면 되고 검은색은 색칠하고, 흰색 칠하고 거기에 색칠해도 되는 것 같아요. 왜 자꾸 가르는지 모르겠어요… 그냥 하나인 하늘 아래서 가치관 가지고 피해 없이 사는 거죠.

전 : 너무 이상적인 거 아니야?

성 : 이상적인 거 아니냐고요? 현실하고 맞지 않는다?

전 : 약간…

성 : 내가 나만 바뀌면 돼요. 굳이 남을 바꾸려 할 필요 없이… 나만 편견 없이 바라보면, 누군가가 바뀔 수도 있기 때문에… 굳이 남을 바꾸려 하지 말고, 그 사람 인생인데 편견을 가지든 말든, 후회 없이 살든 말든, 자기 인생인데 제가 뭐라고 할 순 없죠? 저만 바뀌면 되는 거예요. 누군가가 나한테 피해 끼치면 그러지 말라 한마디 하면 되는 거고…

전 : 그래서 이거 쫙… 이렇게 딱 그림 그려보니까 어때?

성 : 평화롭고 좀 넓다, 이런 느낌이 들었어요.

전 : 그래서 이 쓰레기봉투는 어떻게 할 예정이야?

성 : 저요? 저는 저 봉지 잡을 예정이에요.

전 : 왜?

성 : 전… 저는 봉지 좋아하거든요. 담을 수도 있고, 잘라서 제기 만들어서 놓을 수도 있으니까… 그런데 저대로 날려가게 되면 제가 생각하기에 자연에 안 좋은 영향을 끼칠 것 같아서… 잡아서 무언가를 담든지 아니면 잘라서 제기를 만들든 할 겁니다. 잘라서 제기 만들면 진짜 재밌어요.

전 : 뭐 만들어 봤어?

성 : 네. 많이 만들었죠.

전 : 확실히 네가 손재주가 좋다. 그치? 시간이 빨리 갔네. 마지막 질문이야.
'일'을 통해서 무엇을 얻을 수 있을까?

성 : 일을 통해서 제가 얻고자 하는 것은 나 자신, 그 자체인 것 같아요. 일을 하
면 생계를 유지할 수 있고, 제 가치관도 확고히 할 수 있으며, 제가 좋아하
는 것이 무엇인지도 더 분명해질 수 있으니까요. 그게 저이고, 제가 일을
하면서 그 일이 저를 만들어 가기도 하니까요. 일을 하는 것뿐만 아니라,
때로는 제가 일을 하지만 그 일이 제 미래를 만들어 가기도 하잖아요.

전 : 맞아.

성 : 그러니까 일을 통해서 하고자 하는 건 아마 미래의 저 자신 정도? 그냥 저
자체죠.

전 : 그런데 아까 생계 얘기를 했잖아. 만약에 돈이 생겨서 죽을 때까지 펑펑 쓸
수 있다면 그때도 일을 할 의사가 있어?

성 : 당연하죠. 그땐 더 많이 해야죠.

전 : 음… 왜? 어떤 이유 때문에?

성 : 예전처럼 저 같은 사람들을 도와줘야 하니까요.

전 : 음. 그런데 아까 네가 자기애에 대해서 얘기했잖아. 북한에서 힘든 시간을
보냈으니까, 그 돈으로 건물 사서 놀고 여행 다녀도 되지 않나? 왜 굳이 남
을 도와주고 싶을까?

성 : 남이 아니라고 생각하니까 도와주고 싶은 거예요. 모든 사람은 저 빼고는
남이라고 생각하거든요. 하지만 남이라고 해서 상관없다는 건 아니에요.
서로 손을 잡고, 도움을 주고받는 관계에서 인연이 생기고 사람이 생기는
것 같아요. 제가 도움을 바랐던 시절이 많았는데, 모두가 도움을 주지 않아
서…

전 : 아…

성 : 그런 사람들은 별로였어요. 그래서 생각했어요. 나는 적어도 그런 사람은 되지 말자고. 누군가 도움이 필요하면 손을 내밀어주자고.

'아무리 없어도, 먹을 게 없어도 벼랑 끝에서 먹을 게 없다 해도, 그냥 손을 내밀어서 같이 등을 맞댈 수 있는 그런 사람이 되자'라고 다짐했어요. 그때 그 사람들 보면 모두 웃고 있어도, 도움이 필요한데 무시하는 사람들은 추하다고 느꼈거든요.

전 : 추하다고?

성 : 그렇게 도와줄 정도도 아니고… 그 쉬운 도움 하나 안 내밀면, 굳이 이렇게까지 최악으로 살 필요가 있을까 싶었어요. 제가 느끼기엔 최악이었거든요.

전 : 네가 원하는 게 무엇인지 대략 연결이 돼 있네.

성 : 네.

전 : 오늘은 지난주와 주제를 다르게 하여 일과 노동에 대해 10가지 질문을 생각해 봤는데, 어때? 네가 미성년자이긴 하지만 일에 대한 경험이 많지?

성 : 음… 일과 노동은 제 인생에서 정말 힘든 것 같아요. 그걸 해야 뭔가가 나오고, 살아갈 수 있을 것 같아요.

전 : 그렇구나. 오늘은 이 정도 얘기하자. 그런데 다음 주제는 오늘보다는 조금 쉬울 수도 있어. 여가와 즐거움에 관련된 거야. 예를 들면 북한에서 어떤 놀이를 즐겼는지, 거기에도 놀이동산이 있고… 뭐라고 하지? 여러 가지 사람들이랑 하는 놀이 같은 것도 있잖아?

성 : 20대 언니들은 자유롭게 노는 친구들이 많아요.

전 : 그래? 북에서 너희는 집에서 커튼을 치고 한국 드라마도 많이 보더라. 나보다 더 많이 본 애들도 있더라고… 그런 것도 있고, 그게 너희에게 재미있는 놀이잖아. 어떻게 보면…

성 : 저는 일하느라 바빠서 10살 이후로 논 적이 별로 없어요. 10살 전에는 많이 놀았죠. 나는 뭐 생각만 한 건데… 저는 상상 놀이를 좀 많이 하는 편이라…

전 : 그래, 그것도 진짜 좋잖아. 상상하는 게 재밌잖아. 그럼, 다음 시간에 보자. 고마워. 도움이 많이 될 것 같아. 그리고 네가 말한 양이 많아서… 그 의미도 좋고, 많은 얘기를 해줘서 연구자한테도 도움이 많이 될 거야.

연구자 노트

19세 소녀의 이야기는 그저 어린 나이의 평범한 삶이라고 생각하기엔 너무나도 깊고, 감동적입니다. 우리는 이 소녀가 겪어온 삶을 통해 북한이라는 사회 속에서 어떤 고난과 어려움을 감내하며 살아왔는지를 엿볼 수 있습니다. 그녀가 어렸을 때부터 맡았던 일들은 우리가 흔히 떠올리는 단순한 가사 일이나 노동이 아니라, 그녀의 삶 자체를 이루는 중요한 부분들이었습니다. 열 살 때부터 아궁이에 불을 때고, 아기 기저귀를 갈며, 농사를 짓고 국수를 만들었던 그녀의 하루하루는 그저 생존을 위한 투쟁이었지만, 동시에 그녀가 자신의 존재를 증명하고자 하는 강렬한 의지의 표현이기도 했을 것입니다.

그녀는 스스로의 삶 속에서 자신의 존재를 의미 있게 만들어 나갔습니다. 자전거를 밀어주고, 가발과 사탕을 만들어 팔고, 심지어 시멘트를 나르는 일까지 마다하지 않았습니다. 그 모든 것이 그녀에게는 당연한 삶의 일부분이었고, 그렇게 몸으로 부딪치며 살아가던 시간은 결국 그녀를 더욱 성숙하게 만들어주었습니다. 아직도 어린 나이인 19세이지만, 그녀는 이미 인생에 대해 깊은 통찰을 가질 수밖에 없었을 것입니다.

특히 그녀가 북한에서 한국으로 넘어온 이후, 새롭게 겪게 된 사회적 차별 속에서도 그녀는 스스로의 정체성을 다시 찾고, 그 차별을 이겨내며 더 나은 미래를 향해 나아가고 있습니다. 어쩌면 한국에서 경험한 차별은 북한에서 겪었던 육체적 고통보다 더 깊은 상처를 남겼을지도 모릅니다. 하지만 그녀는 그 상처 속에서도 포기하지 않고 스스로를 다시 세우며 꿈을 향해 나아가고 있습니다.

그녀는 세계를 여행하고 싶다고 말합니다. 중국어를 공부하고, 누군가에게 의미 있는 존재가 되고 싶다는 소녀의 꿈은 어쩌면 우리가 쉽게 상상할 수 없는 희망의 무게를 담고 있을지도 모릅니다. 북한에서의 고난과 시련 속에서도 그녀는 희망을 잃지 않았고, 그 희망은 그녀를 한국까지 이끌어 준 강력한 힘이었습니다. 그 희망은 단순히 개인의 행복을 위한 것이 아니라, 더 나은 세상과 더 밝은 미래를 위한 강렬한 소망일 것입니다.

이 소녀의 이야기를 듣고 있으면 가슴 깊이에서부터 뭔가가 울컥 차오릅니다. 그녀가 겪은 일들은 단순히 동정심을 불러일으키는 고난의 서사가 아닙니다. 그것은 우리가 쉽게 상상할 수 없는 삶을 살면서도 절대 꺾이지 않은 강인한 영혼의 이야기입니다. 이 소녀는 고난 속에서도 꿈을 꾸고, 차별 속에서도 스스로를 찾으며, 결국에는 자신의 인생을 향해 나아가는 한 영웅입니다.

그녀의 이야기는 우리에게 눈물과 감동을 선사할 뿐만 아니라, 삶에 대한 새로운 통찰을 던져줍니다. 우리는 그녀를 통해 진정한 희망의 의미를 깨닫게 되고, 인간의 삶이 얼마나 강력한 의지를 통해 다시 태어날 수 있는지를 알게 됩니다. 이 소녀는 단순히 북한에서 온 19세의 청소년이 아닙니다. 그녀는 우리의 마음속에 깊은 울림을 주는, 희망을 품은 사람입니다.

그리고 그 희망은, 언젠가 우리가 모두 바라보는 한반도의 평화와 통일을 향한 길로 이어질 것입니다. 이 작은 소녀의 용기와 희망이 우리 모두에게 큰 감동을 주며, 그녀가 꿈꾸는 세상이 언젠가는 현실이 될 수 있기를 바랍니다.

제2부

낭만이란 배를 타고
떠나볼까?

* 인터뷰 일시 : 2023년 12월
* 인터뷰어 : 전주람
* 인터뷰이 : 설은영(가명), 19세, 여성, 2019년 입남
* 초고 완성 및 북한사회와 관련하여 논의해야 할 부분이 있는지 살피는
  감수자 : 김지일

전 : 오늘은 여가와 즐거움에 관한 이야기인데, 선생님이 너에게 그려준 일과 관련된 사진 기억 나? 사람, 바람, 비닐 봉투… 그거 방금 또다시 봤어. 표현력이 좋은 거 같아. (웃음)

성 : 잘 못 그린 것 같아서 좀 그랬는데…

전 : 선생님, 너 얘기를 다시 들을 때마다 내가 몇 번이나 얘기하잖아. 이게 19살 맞아? 내 생각엔 선생님이 너랑 얘기하며 배우는 게 정말 많아. 진짜… 오늘 질문을 보자. 일단 놀이인데, 은영아, 고향에서 주로 어떤 놀이를 했어? 뭐 놀이라고 하면 우리나라 전통 놀이인 제기차기나 사방구 알지? 너희는 맷돌치기라고 하더라. 그런 것도 하고… 뭐 또 있냐… 그냥 집 안에서도, 그렇지? 영상 보고 놀기도 하고, 술래잡기 같은 것도 하고, 정말 많잖아? 놀이의 범위가 넓긴 한데, 은영이는 주로 뭐 하고 놀았어?

성 : 저는 비가 오지 않는 날에는 고무줄놀이랑 줄넘기를 했어요. 그리고 돌 가지고 발로 차거나 돌 세워놓고 다른 애들 넘어뜨리는 놀이도 했는데, 이름이 뭐였더라… 까먹은 것 같아요. (웃음)

전 : 맷돌치기 아니야? 그건 아닌가?

성 : 약간 다른 이름이었던 것 같아요.

전 : 이름은 기억 안 나는데 돌 가지고 놀고… 이게 거의 초등학교 때야? 10대?

성 : 그렇죠. 그리고 중학교 때는 16살 전까지 별로 놀지 못했어요. 하지만 그 중에서 놀 때면 항상 했던 놀이예요. 그리고 땅에 곱돌이라는 새하얀 돌로 이렇게 그어놓고 노는 것도 있었어요.

전 : 곱돌? 그거 분필로 했던 것 같은데…

성 : 저희는 분필이 좀 있었고, 곱돌은 땅이나 돌이 있으면 새하얗게 줄이 가는 돌이었어요. 그걸로 땅에 네모난 것들을 그려놓고 한 발로 가고 두 발 딛고 다시 한 발 가고 두 발 찍고 하는 거 있잖아요.

전 : 알아, 알아~(웃음). 나도 해봤어. 그게 맞나 싶긴 한데?

성 : 아, 그래요? 그런 것도 했고, 술래잡기도 많이 했어요. 신발 감추기란 자기 신발 한 짝을 벗어서 동네 아무 데나 숨겨놓고 술래가 신발을 찾아야 해요.

전 : 진짜? 주로 어디다 숨겨? 되게 재밌겠다. (웃음) 신발 감추기는 안 해봤는 데…

성 : 우리 동네는 다 땅집이었고 개인 집들이었으니까… 다 배재라고 하는 울 타리가 있었어요. 혜산 말로 사투리로 배재라고 하거든요.

전 : 아, (쓰면서) 이거? 이렇게…?

성 : 네, '재'.

전 : 이게 울타리야?

성 : 집 울타리인데, 나무들이 오래되면 썩고 상하잖아요? 그 짬에다 이렇게 넣 었는데… 밤이 되고 다음 날이 되고… 술래가 못 찾으면 내일 찾자고 하 고, 다음 날 보면 없어지는 거예요. 진짜 많이 잃어버렸어요.

전 : 그럼 집에 뭐 신고 가? 그냥 맨발로 가? (웃음)

성 : 네. 우리 동네에 언덕이 있었는데, 그 언덕 양옆은 풀밭이었어요. 애들끼리 거기서 싸우는 놀이를 많이 했죠. 잔디밭에서 서로 밀고 당기고 발로 차고 넘어뜨리는 놀이였어요. 그렇게 세게 하진 않았고…

전 : 살살 안 다칠 정도로 했군?

성 : 네, 그렇게 하면서도 재밌었어요. (웃음)

전 : 진짜? 그럼 "푸른 하늘 은하수~"이런 건 안 했나?

성 : 그거도 했어요.

전 : 쎄쎄쎄?[4]

성 : 네, 손으로 짝짝 치는 거요. 그런 놀이를 진짜 많이 했어요.

전 : 진짜? 그 노래랑 똑같나? 우리는 거의 〈푸른 하늘 은하수〉를 불렀거든.

성 : 맞아요, 그거랑 비슷한 거 했던 것 같아요. 전쟁이 일어난다는 내용의 노래
도 있었고, "엄마야 오빠야 폭탄을 만들어서 쾅쾅쾅…" 이런 것도 있었던
것 같아요.

전 : 아… 쎄쎄쎄 중에 그런 거?

성 : 네, 그 노래는 좀 다르게 부르긴 했지만요.

전 : 여기 남한 사람들은 모를 만한 노래들이죠. 그 노래 가사를 조금 천천히 해
줄 수 있어?

성 : 제가 했던 건 오래돼서 잘 기억이 안 나는데, 여동생이 전쟁이 일어나서 무
서워하니까 가족한테 살려달라고 하는 내용이었어요. "오빠야~ 언니야~"
하면서 가족을 도와달라는 그런 내용이었던 것 같아요.

전 : 어쨌든, 전쟁과 관련된 스토리군.

성 : 네, 그리고 "할아버지 태권도~" 같은 가족 관련 노래도 있었어요. "할머니
는 집 지킴이, 엄마는 요리사, 아빠는 운전수~" 이런 것도 있었죠.

전 : 쎄쎄쎄와는 노래 내용이 조금 다르네? 남한에서 태어난 사람들이 모를 만
한 거 있나?

---

4 "쎄쎄쎄"는 주로 어린이들 사이에서 사용되는 놀이의 일종입니다. 이 표현은 친구들끼리
의 놀이 문화에서 자주 등장하며, 재미있고 유쾌한 분위기를 만들어줍니다.

성 : 저희는 고무줄놀이할 때 노래에 맞춰서 줄을 뛰고 넘는 걸 했어요. 김일성 노래 같은 걸로 하면서요.

전 : 그 가사 중에 기억나는 구절이 있어?

성 : "태양, 태양, 우리 태양~" 같은 노래가 있었어요.

전 : 태양은 아마도 김일성 일가를 의미하는 거겠지?

성 : 네. "은혜로운 태양~ 창조의 햇빛~" 이런 가사였어요. 그때는 별생각 없이 불렀는데, 지금 생각해 보니 그런 의미가 있었던 것 같아요.

전 : 은영아, 지금 생각해 보니까 그게 어떤 의미가 있는 것 같아?

성 : 제 생각에는, 흰 백지에 물감을 들이면 잘 빨아들이잖아요. 아기 때부터 그런 걸 접하게 되면⋯ 어른들이 애들이 밖에서 "우리 집에서 이런 말을 했다"라고 하면, 부모님이 큰일날 수도 있으니까, 나라에서 허락한 말만 하게 되는 거죠. 그런 말을 듣고 자라다 보니까, 어렸을 때부터 차근차근 세뇌되는 것 같아요. 주입식으로 그렇게 배우다 보니, 그게 전부인 줄 알고 살아가게 되는 것 같아요. 어른들은 그게 아니라는 걸 알더라고요. 정부 기관에서 선전하는 게 아니란 걸.

전 : 그래도 말을 못 했겠지?

성 : 네. TV에 나올 때, 제가 "왜 우리 혜산은 안 오시지? 다른 데는 다 가시는데⋯ 언제 오실까?" 이렇게 물었거든요. 아빠가 "저 바보, 저걸 믿네⋯ 아휴⋯" 이렇게 말씀하시더라고요. 어른들은 다 알지만, 말은 못 하더라고요.

전 : 음⋯ 그럼 그때 은영이는 무슨 생각 했어? 어른들이 뭔가 아는 것 같은데⋯ 물어보지는 못했어?

성 : 동네에서도 그런 걸 잘 아는 애들이 있어요. 눈치를 많이 보면서 살다 보면, 그 맥락과 의미를 알게 되는 거야. '아, 나 또 속았구나⋯' 이런 생각이 드는 거죠.

전 : 그러니까 은영이도 속으로만 그렇게 생각했겠네?

성 : 네.

전 : 친구들하고는 얘기해? 말은 못 하지? 친구들한테.

성 : 못하죠. 걔가 일러바칠지 어떻게 알아요.

전 : 맞아, 맞아.

성 : 우리 집마다 창고가 있거든요. 김치 움도 있고…

전 : 바닥 아래로 흙 밑에 김치 넣는 거?

성 : 네, 김치 움을 깊게 파서 사람이 들어갈 수 있어요. 그 안에 김장독도 넣고. 거기서 햇빛도 쐬고, 앉았다가 뛰어내리고… 여름에는 김치 움이 시원하거든요. 그래서 애들이랑 "여기 무섭다. 귀신 나올 것 같아." "바보야, 귀신이 어디 있어?" 이렇게 하면서 놀았어요. 그러다가 놀라서 나오고…

전 : 귀신 놀이하고?

성 : 놀이라기보다는 귀신 얘기로 공포감을 조성하면서 긴장감을 즐겼던 것 같아요. 공포 영화 보는 것처럼…

전 : 이건 영상으로 보는 공포 영화보다 직접 들어가서 하면 진짜 스릴 만점일 것 같아. (웃음)

성 : 맞아요. 여름에는 거기에 거미가 좀 있어서, 뭔가 막 몸을 기어가는 느낌이 들어요…

전 : 그래, 그리고 진짜 귀신이 나온 경우도 있잖아? (웃음)

성 : 무서워요. 마대 있잖아요? 쌀 담는 자루 같은 거요. 그걸 마대라고 부르거든요.

전 : 맞아, 여기도 마대 있어. 마대라고 해.

성 : 50kg짜리 마대는 엄청 두껍고 커요. 여름에 그걸 앞마당이나 동네에 쭉 펴 놓고 애들이 앉아서 부채질하며 이야기하거나, 엎드려서 숙제하거나, 누워서 낮잠 자거나 하죠. 그게 정말 좋아요.

전 : 야… 근데 은영아, 정겹게 느껴져. 근데 요즘은 다 핸드폰만 하니까… 그치?

성 : 맞아요. 여기서 밖에 나가면 "미친 사람인가?" 이렇게 쳐다보니까 할 수가 없어요.

전 : 요즘에 이런 사람 진짜 거의 없잖아. 학교에서도 없고… 그치?

성 : 맞아요. 학교에서는 애들끼리 재밌게 놀죠. 책상 위를 뛰어다니고…

전 : 진짜. 그런데 어떤 언니가 얘기한 게 기억나는데… 북한은 자유가 없다고 말하는데, 이런 걸 보면 일상에서 너무 자유롭게 적응하고 살잖아? 그치? 이런 게 정말 인상적이야. 인간관계가 풍요로울 거 같기도 하고…

연구자 노트

자유란 무엇일까요? 인간이 처한 환경에나 이유에 따라 다양하게 내려질 수 있는 개념이 아닐까 싶다. '북한은 자유가 없다.'라는 말 역시 편향된 개념일 수 있다.

성 : 맞아요. 앞집이나 뒷집, 동네 어느 집에든 엄마가 맡기고 가면 그 집에서 밥 먹고 자고, 이런 것도 많이 해요.

전 : 남의 집에서?

성 : 네. 아주머니들이 맨날 "아휴~ 너는 맨날 엄마 잡고 울고… 너 크면 너 혼자 살았다고 알려줄 거야." 이렇게 말씀하시곤 해요. 그런 기억들도 있어요.

전 : 그러니까 어떻게 보면 옆집 아줌마들이 지지 체계가 되어주고, 한편으로는 그런 것도 있네.

성 : 약간 뭐라고 해야 할까요…? '한 아이를 키우려면 한 동네가 필요하다'라는 말처럼… 동네 애들 대다수는 어른들이 약간 케어도 해주고, 애가 울면 "시끄러워~ 왜 울어?" 이렇게 하지 않고, "아픈 거 아니야? 왜 울어? 엄마가 잘 모르나 보네." 하고 밥도 가져다주시고… 우리 집에 약이 있으면

약도 가져다주시고, "우리 애는 어떻게 울었더라…" 하면서 정말 정이 많아요.

전 : 확실히 한국 사람들은 외국인들이 정이 많다고 하지만, 남북을 따지면 윗동네가 더 정겨운 것 같아. 넌 어떻게 느껴져?

성 : 그건 맞아요.

전 : 그치? 여기서는 내가 '좀 삭막하다' 이렇게 느낄 것 같아. 왜냐하면 이렇게 살다 왔으니까…

성 : 맞아요. 그리고 저는 좀 외로워요. 외동이거든요. 아버지가 재혼하시기 전까지… 비 오는 날은 정말 외롭죠.

전 : 고향에서?

성 : 네. 그림책이나 소설로 외로움을 달래고, 어떤 때는 애들이 비 오는 날에 우산 들고 와서 "야, 놀래?" "뭐 할 건데?" "이리 와 봐." 하고는 장화를 신고 애들이 한 서너 명 모여서… 물웅덩이에서 퐁당퐁당 놀곤 했어요. "야, 내일 엄마한테 이 옷 더럽혔다고 혼날 거야." "알 게 뭐야? 오늘 즐기면 되지~!" "뛰어~!" 이러면서 놀았죠.

전 : 진짜…?

성 : 우산도 내던지고 "와~! 비 온다." 막 이러기도 하고… 다음 날에는 콜록콜

록 하면서 감기에 걸려서, "너도 왔어? 바보~" 하고 그러죠.

전 : 엄청, 잘 놀았네. 그러니까 어떻게 보면 여기서 무슨 장난감을 사고 레고를 맞추는 그런 놀이가 아니라, 고유한 문화가 있는 거네. 그렇지?

성 : 맞아요, 겨울에 연날리기도 해요. 연날리기도 하고, 윷놀이도 하고 제기차 기도 해요. 제기차기는 꽤 자주 하죠. 겨울이든 여름이든… 제기는 각자 하나씩 갖고 있는데, 단추로 만든 제기도 있고, 엽이라고 하는 게 있어요. 그게 되게 빨리 녹는, 말랑말랑한 철이라고 해야 하나… 그걸 뭐라고 불렀 더라…? 엽 덩어리, 엽 덩어리…

전 : 엽 덩어리?

성 : 네, 그걸 녹여서… 아까 본 쓰레기봉투로 제기를 만든다고 했잖아요? 그런 걸 잘라서 실로 묶고 엽 덩어리랑 묶어서 제기를 차면 잘 찰 수 있어요.

전 : 그 엽 덩어리에 쓰레기봉투를 잘라서 붙이는 거야?

성 : 맞아요. 그런데 약간 쓰레기봉투라기보다는 순대 같은 거 사러 갔을 때 주 는 포장 봉지, 검은색이든 파란색이든 노란색이든 그런 걸 잘라서 쓰는 거 예요.

전 : 그러면 이걸 붙일 때 뭘로 붙여?

성 : 그 봉지를 실로 묶거든요. 이렇게 해가지고… 그다음에 엽 덩어리에 구멍 을 내서 실을 빼고 다시 든든하게 묶어요.

전 : 그런 거 되게 잘하네. 만들어 쓰니까…그럼, 지금 얘기한 고무줄, 줄넘기, 곱돌, 술래잡기, 윷놀이… 이런 고향 친구들의 놀이에는 어떤 공통점이 있 을까? 아니면 어떤 특징이 있을까?

성 : 공통점이요? 생각해 보면 다 함께 모여서 놀았던 것 같아요. 가끔 싸우기 도 하고 서로에게 "야, 쟤랑 놀지 마~ 쟤 별로야." 이런 말도 하지만, 대부 분 함께하는 놀이였던 것 같아요.

전 : 그러네. 여기서는 혼자서 노는 사람들이 상대적으로 적은 것 같아.

성 : 여기서는 외로워서 게임을 시작하죠. 예를 들어, 배틀그라운드 같은 게임에 들어가면 모르는 사람이 마이크를 켜고 "뭐 해? 나는 밥 먹고 있는데 넌?"이라고 물어보기도 해요. "나 그냥 심심해서 게임하고 있어." 이렇게 소통하는 게 좀 재밌더라고요. 왜냐하면 외로운 기분이 드니까. 그냥 친구들이랑 얘기하면서 노는 거죠. 혼자 있을 때는 정말 외로워요.

전 : 근데 여기서도 충분히 만날 수 있잖아? 애들이랑…

성 : 여기서는 만나는 게 쉽지 않아요. 다들 돈이 많이 들어가니까.

〈연구 참여자가 찍은 사진〉

전 : 아, 돈이 드니까?

성 : 응, 비싸잖아요. 뭐든.

전 : 아파트 마당에서도 놀 수 있고, 만들려면 못 만드는 것도 아닌데 왜 그렇게 잘 안 만날까?

성 : 다들 핸드폰 붙잡고 바빠서 그렇죠.

전 : 맞아. 각자 자기 할 일 하느라 바쁘지. 여기만의 문화가 있는 것 같아. 잔디밭에서 놀고, 은영이 집 마당에서 싸우는 놀이 하면 사람들이 좀 이상하게 볼 것 같아.

성 : 어른들은 어렸을 때 "싸우지 마"라고 했는데, 요즘 애들은 잔디밭에서 놀아도 "싸우지 마"라고 하는 사람도 있고, "좋은 때다"라고 하시는 분도 있어요. 딱히 상관 안 하시는 것 같아요.

전 : 그렇구나. 그럼, 고향에서의 놀이를 어떤 이미지로 설명할 수 있을까?

성 : 자유롭고 순진하며 활기찬 애들의 모습이 떠올라요. 여기서는 학교 끝나고 다 학원 가고, 게임하다가도 "이제 못해" 하는 애들도 많아요.

전 : 그 이미지에 맞는 물건을 방에서 하나 가져올 수 있을까?

성 : 방에서요? 요거요.

전 : 뭐야, 그거?

성 : 시계.

전 : 시계? 어떤 의미일까?

성 : 시간에 얽매이지 않는 거요. 우리는 놀 때 시간을 안 봤거든요. 항상 부모님이 "밥 먹자!" 하고 찾으러 오셨어요. "엄마, 조금만 더…" 이렇게 하다가 결국 "나 밥 먹으러 갈래." 하게 되니까요.

연구자 노트

연구 참여자는 북한 어린 시절의 추억을 매우 잘 묘사하고 있다. 보통 북한에서는 시간에 얽매이지 않고 친구들을 만나는 경우가 많다. 어떤 측면에서는 '자유가 없는' 나라로 불리는 북한이 매우 '자유롭다'라고 느껴질 수도 있다.

전 : 그러니까 시간을 재고 놀지는 않았던 거네.

성 : 절대! "언제까지 놀래? 해가 질 때까지 놀까?" 이런 식이었죠.

전 : 그게 정말 다르네. 여기랑 비교했을 때.

성 : 맞아요. 또 자연 친화적인 놀이였던 것 같아요.

전 : 내가 느끼기에도 그렇다.

성 : 학교 운동장에 나무로 만든 봉대들이 있었는데, 거기서 술래잡기도 많이 했어요. 애들이 낮은 봉대 위에 발을 딛고, 큰 봉대에 매달리기도 했지요. 그렇게 놀면서 운동도 많이 했던 것 같아요.

전 : 진짜? 우리는 그거 쇠로 했는데, 너희는 나무로 했구나…

성 : 쇠도 있긴 한데, 쇠는 좀 커서 높아요. 그래서 나무로 하는데, 그게 진짜 재 있어요. 제가 진짜 좋아하는 거예요…

전 : 매달리는 게 되게 힘든데.

성 : 맞아요. 그러다 보니까 팔 힘도 커지고, 복근도 강해지고… 막 뛰고 그러 면…

전 : 은근히 이게 신체적인 활동이 많네. 그렇지?

성 : 맞아요. 건강에는 훨씬 좋을 것 같아요.

전 : 그거 너무 재밌다. 여가라는 단어는 아마 안 썼던 것 같은데? 맞나?

성 : 그런 것 같아요…

전 : 맞아. 여가라는 단어를 여기서는 많이 얘기하잖아. 여름휴가, 쇼핑몰에 사 람도 많고… 낮에도 카페에 많이 앉아 있고. 처음에 네가 여기 와서 봤을 때 어땠어? 여기 문화가 어떻게 느껴졌어? 놀이 문화, 여가 문화, 여행 문 화…

성 : 처음에는 딱히 별생각은 없었고, 그냥 좋다 했어요. 저는…항상 놀이공원 이나 이런 데 가보고 싶고, 쇼핑도 해보고 싶었고, 카페에서 뭐 마시고 싶 었거든요. 그런데 지금 생각해 보면 사람들이 항상 바쁘게 살고, 가족과 시 간을 못 보내고, 가족을 위해 돈을 벌지만 정작 가족과 시간을 못 보내니까 여가가 생긴 것 같아요. 가족과 함께 보내고 단란하게 살면 여가가 필요할 까 싶어요.

전 : 되게 의미심장한 말이네…

성 : 그곳에서는 직장에서 돌아와도 가족과 저녁쯤에 애들이 학교에서 무슨 일이 있었는지 다정하게 물어보고, 즐겁게 얘기했거든요. 그래서 이 집 저 집 가서 "오늘 뭐 했어?"라고 물어보기도 하고, 계속 놀았어요. 맛있는 떡이나 지짐이를 가져가면 "우리 집에 맛있는 거 있으니까 너희 집도 와서 먹어"라고 하면서 서로 나누기도 했죠. 엄마가 있을 때나 가능한 일이지만⋯ 가면 맛있는 게 있거든요. 그러면 "굶었니? 천천히 먹어라~"라고 하면서 다들 친절해요. 약간 츤데레 같아요. 사람들이 말을 직설적으로 하거든요. 절대 돌려서 말하지 않고, "어느 세월에 알아듣겠니? 핵심만 말해라~" 이렇게 하죠. 그래서 맛있는 것도 먹고⋯ "오늘 학교에서 뭐 했는데 이렇게 막 걸신들린 것처럼 먹어? 굶었어?" 하면서 농담도 하고⋯

전 : 인간적이라고 느껴져. 약간 웃기기도 하고⋯ 욕쟁이 할머니 같은 느낌이야. (웃음)

성 : 맞아요. 가족, 이웃들과 보내는 시간이 좀 있어요. 그래도 못 살아도 그렇게 지내요. 그런데 여긴 그런 시간이 없잖아요. 대부분 "바빠"라는 말이 입에 달려 있어요. 공부하느라 바빠, 직장 가느라 바빠, 일하느라 바빠, 쉬느라 바빠⋯ 직장에서 힘들게 일하고 집에 오면 힘드니까 그때는 쉬어야 하니까 가족과 보낼 시간이 없고, 그래서 따로 가족과 보낼 시간을 마련해야 여가가 생기는 것 같아요.

연구자 노트

남한의 경우 북한과 달리 가족과 따로 시간을 보내는 일. 이것이 바로 여가가 필요한 이유가 아닐까 싶다.

전 : 그런데 은영아, 여기가 잘 살잖아⋯ 북한에 비해서 경제적으로⋯ 물론 여기도 어려운 사람도 있지만⋯ 북에 비하면⋯ 그런데 왜 가족 간에 모이기도 힘들고⋯ 모두 바쁘게 사는 것 같거든⋯ 왜 한국 사람들이 바쁘게 사는 걸까?

성 : 제 생각에는 한국의 경제 성장이 너무 빠르게 일어나서 사람들이 그에 적응할 시간이 없었던 것 같아요. 항상 "일해야 해"라는 생각 때문에 그렇죠. 가족을 위해 일하지만, 가족이 함께하고 싶을 때는 "이번에 이거 해야 해서 다음에 하자"라고 하죠. 그다음이 언제인지는 아무도 몰라요. 사회가 그렇게 만들고 있는 것 같아요. "내가 잘살려면 일을 많이 해야 해"라는 생각이죠.

전 : 근데 어떤 이유로 좋지 않아 보일까?

성 : 저는 좋지 않다고 생각해요. 처음에는 경제적으로 좋았는데, 사람들을 보면 정이 굶주려 있는 사람들이 많아요. 경제 성장으로 바쁘게 자란 세대들이 지금 부모님들이시잖아요?

연구자 노트

한국의 초고속 경제 성장은 사람들에게 물질적 풍요를 가져다주었지만, 정신적 풍요, 인간관계, 사랑, 정 등 많은 부분을 빼앗아 간 것 같다. 저자들은 이 부분에서 북한 사회가 가진 고유한 문화적 강점이라고 생각하며, 사랑을 잃어버린 한국 사회가 다시 한번 되짚어봐야 할 점이라고 생각했다.

전 : 그렇지.

성 : 그분들은 정을 주는 걸 많이 안 하셨던 것 같아요. 사람들이 '나는 100살까지 잘 살 수 있다'라고 생각하니까, 언제 사고가 날지, 언제 아플지 전혀 염두에 두지 않죠. '나는 창창한 미래가 있어. 일을 열심히 하니까, 앞으로 너와 많은 시간을 보낼 거야'라고 생각하는데, 솔직히 그렇게 생각하면 내가 일을 끝까지 다 했다고는 생각하지 않아.

저희가 누군가를 도와줄 때 "내가 돈이 많을 때 저 사람들을 도와줄 거야"라는 생각을 하면 도와줄 수가 없어요. 언제 돈이 많은지 알 수 없고 "돈이 많다"의 정의도 모르잖아요. 그래서 작은 돈, 예를 들어 1천 원이나 1만 원을 나누는 것이 진정한 도움이라고 생각해요. 가족들과 시간을 보내는 것

또한 중요하죠. 그런데 한국 사회는 이런 것을 용납하지 않아요. 저출산 문제도 발생하고 출산에 대한 복지도 부족하고, 출산 후 복지를 받으면 직장에서도 커리어에 부정적으로 보니까요. 아니, 내가 행복한 삶을 위해 일을 하는데, 왜 행복한 삶을 뒤로 미루고 일에만 매달려야 하는지 의문이에요. 앞으로 저도 그렇게 살 것 같긴 한데, 좀 더 자신과 가족을 생각하면서 현재와 미래를 함께 바라보며 살았으면 좋겠어요. 현재를 살면서 미래를 생각하는 것이 아니라, 미래를 고려하며 현재를 살았으면 좋겠어요.

전 : 중요한 얘기다. 현실이 그렇게 될 수밖에 없는 구조적인 문제도 있잖아. 여름휴가를 많이 가는데, 학교에서 "어디 갔다 왔어요?"라고 인사하는 게 일반적이잖아. 휴가 개념은 어떤 거 같아? 특정 절기 위주로 쉬는 게 있는 것 같은데, 그런 점에서 다르지?

성 : 엄마가 여름휴가를 위해 일 년 내내 열심히 일하는데, 정작 가면 사람들로 바글바글해요. 여름에 모두 휴가를 가니까 즐기기도 힘들고, 차도 얼마나 밀리는지 2박 3일 갔는데 2일 동안은 차만 탔어요.
운전하는 사람은 지치고 짜증 나고, 옆의 사람이랑 얘기하다 싸우기도 해요. 휴가를 왜 가는 건지 모르겠어요. 돌아오면 가족 사이에 싸움이 생기고 서로 냉랭해져요. 그래서 엄마가 "여행 가자" 하면 "절대 싫어, 안 갈래"라고 해요. 엄마는 "가자~"라고 하는데, 가족 여행이란 게 서로 즐겨야 하는데 사람도 많고 그러니까 "멀리 가지 마"라고 하게 돼요. 그게 무슨 즐거움이죠? 울타리 안에서 뛰어노는 것 같아요. 일상적으로 휴가를 주고 가족과 함께하는 날이 많아지면 사람들이 더 열심히 일할 것 같아요.

연구자 노트

'휴가'란 무엇일까요? 연구 참여자의 다소 귀여운 표현을 통해 '진정한 휴가'에 대해 생각해 보자.

전 : 평상시에?

성 : 네, 평상시에 더 열심히 일할 거예요. 사랑하는 가족과 함께하고 싶으니까 더 잘할 수 있을 것 같고, 휴일이 많으면 컨디션도 좋아지고, 그러면 일의 능률도 올라가겠죠. 그런데 여름휴가 한 번 가니까 사람들이 바글바글해요. 바다에 왔는지 사람 인파에 왔는지 구분이 안 가요. 어찌나 밀리는지 6시간 걸렸어요.

전 : 그러니까 그게 '진정한 휴가'냐… 의문인 거네?

성 : 진정한 휴가일까요? 그냥 평상시에 그는 아무리 열심히 일해도, 우리 딸이랑 아들이랑 이러이러한 거 하자고 하죠. 그런데 아빠는 다음에 가자고 하더니, 이제는 딱 세웠어요. 이제 내가 얘네랑 갈 수가 없어. 얘는 다 컸어. 이제 자기 마음대로, 가고 싶은 대로, 여친이랑 남친이랑 갈 거예요. 이제 나랑은 안 가요. 가족 간의 유대감도 별로 쌓이지 않으니까, 이제 가족인데 어색해지는 거예요.

전 : 그런데 거기 고향에는 가족들이랑 같이 휴가 가는 그런 게 있어? 가족끼리 좀 끈끈하게 유대감을 쌓을 수 있는 그런 걸 많이 했어?

성 : 명절마다 다 거기 가요. 할머니네 집에도 가고, 외할머니든 아버지네 친할머니든… 거기 가면 찰떡이랑 뭐랑 싸 들고 가서 가족이 다 모여요. 외할머니네 아들네도 오고 다 와서 놀아요. 윷놀이도 하고 카드놀이도 하고, 손자 손녀들 재롱잔치도 하고 잘한다~ 잘한다~ 이런 것도 하고… 설날에는 세뱃돈도 받았는데, 너무 적어서 실망한 기억이 지금도 남아요.

전 : 진짜? 얼마 받았는데?

성 : 나, 진짜 50원 받았는데, 그게 너무 기억에 남아요. (웃음)

전 : 50원? 여기 돈으로 얼마야?

성 : 여기 돈으로요? 거기 돈으로 50원이니까, 여기 돈으로 5원 정도 되지 않나 싶어요.

전 : 그러니까 가족끼리 같이 뭔가 많이 한다는 거네?

성 : 맞아요.

전 : 우리 옛날에도 그랬잖아, 여기 한 60~70년대… 그때도 많이 가고 비슷한 것 같아.

성 : 명절에는 다 집 가느라 서울에 차 막히고… 근데 대부분 멀지 않아요. 가까운 곳이 많아요. 걸어가거나 자전거를 타고 가죠. 아주 멀진 않고… 제가 제 집에 산다 하면 외할머니네는 그래도 여기서 좀 떨어져 있긴 한데, 대부분 걸어가죠.

전 : 뭐 한 30분 거리?

성 : 30분 갈 때도 있고, 이모네 집까지 한 40분?

전 : 응~ 그러니까 도보로 30~40분 안에서 이렇게 가능한 데에 많이 모여 사는구나. 그치?

성 : 30분에서 1시간 정도 걸리긴 하는데, 모여 산다기보다는 동네가 따로따로 멀리 있긴 해요. 왜냐하면 거기는 차도 없고, 버스 타고 갈 때도 많아요. 그런데 버스 타면 사람이 너무 많아서 매번 걸어가죠.

전 : 음… 자전거 문화가 있잖아. 자전거 많이 안 탔어?

성 : 자전거가 비싸서 우리 집에 한 대밖에 없어요.

전 : 자전거도 비싸?

성 : 아버지가 끌고 가고… 저는 오르막도 앉아서 갈 때가 있고… 가족이 함께 지름길로 가거나, 아니면 가족과 함께 걸으면서 아버지가 예전에 다녔던 길에 관한 이야기를 들으면서 정겹게 가는 거죠.

전 : 그랬구나. 문화가 다르구나. 그럼, 3번 질문 해볼까? 여기 아랫동네 남한에 와서 놀이 문화가 윗동네와 많이 다르게 느껴지잖아? 지금 이야기하는 것처럼 그중에서 특히 세 가지를 꼽자면 어떤 부분이 가장 차이점이라고 할 수 있을까? 뭐가 가장 다르다고 생각해?

성 : 핸드폰이요.

전 : 맞아, 그런데 거기도 요즘에는 여기만큼은 아니지만 많이 갖고 있는 것 같
    더라?

성 : 거기도 많이 갖고 있긴 한데, 대부분 휴대폰이 있어도 친구들이랑 놀 때는
    핸드폰으로 놀지 않아요.

전 : 아~ 진짜? 그럼, 왜 그런 거야? 게임이나 와이파이가 많이 안 되니까?

성 : 게임은 많아요. 여기서 할 수 있는 것처럼 게임할 수 있는 게 진짜 많아요.
    그냥 친구들이랑 같이 노는 거예요. 노래도 부르고, 춤도 추고… 친구들한
    테 들은 얘기로는 그런 애들도 있대요. 여기처럼 주페라고 카드가 있잖아
    요. 카드를 입에 붙여서 서로 이렇게 돌려주면서 노는 놀이도 있어요.

전 : 그게 화투야? 아니면 카드?

성 : 카드요. 그냥 카드.

전 : 카드~

성 : 그러다가 카드가 떨어지면 뽀뽀도 하고 그렇게 논대요. 저는 그렇게 놀아
    본 적이 없어요. 남자 여자끼리 그렇게 노는 거죠. 보통 17세 이상 애들이
    많이 해요. 그거는 좀 동네에서 "안 좋다"라는 시선이 있는 애들이 하는 놀
    이예요. 약간 모범생이 아닌 애들…(웃음)

전 : 노는 애들? (웃음) 그럼 첫 번째는 핸드폰, 두 번째는?

성 : 두 번째는 공부? 바쁜 삶?

전 : 많이 달라? 바쁜 일상… 학생들이 너무 바쁘지? 그러니까 공부와 바쁜 일
    상을 놀이 문화랑 연결 지을 수밖에 없지. 계속 이렇게 하니까 놀 시간이
    없지…

성 : 세 번째는 돈이에요.

전 : 이건 어떤 의미야? 애들끼리 놀려면 돈이 필요하잖아.

성 : 어떤 애들은 어렸을 때부터 많은 돈을 받았고, 앞으로도 받을 거니까 부유
    함이 대대로 전해지는 그런 게 생길 거예요.

전 : 아~~ 그치… 금수저, 은수저 그런 얘기 하잖아. 집에서 얼마나 지원해 주고 용돈을 주느냐에 따라서 인간관계에 영향이 없지 않을 거 같고.

성 : 맞아요. 인간관계가 확 바뀌어요.

전 : 요즘 에버랜드 같은데 가면 얼마냐…? 거의 한 몇만 원씩 하지 않니? 요즘 안 가봐서 모르겠는데…

성 : 보통 10만 원 이상이에요. 에버랜드가 그렇던가, 롯데월드가 그렇던가…

전 : 가면 또 밥 먹어야 하고, 차비도 해야 하고…

성 : 사진도 찍어야 하잖아요…

전 : 그치, 그치.

성 : 그래서 애들끼리 노는 데도 다 그런 게 있어요. 제가 아는 친구는 돈을 좀 많이 받거든요. 그래서 걔네는 진짜 비싼 데 다니고, 고깃집도 자주 가고… 반면에 저랑 제 친구들은 떡볶이 먹으러 다니고, 놀이공원에서 놀곤 했어요. 제가 놀던 친구들이 좀 순수했나 봐요. 놀이공원에서 술래잡기하고 '무궁화꽃이 피었습니다' 같은 놀이를 했었거든요. 그리고 공원에서도 놀고… 그래서 어떤 분이 지나가다가 "너는 중학생이야, 초등학생이야?"라고 하시더니, "저희 고등학생인데요…"라고 하니까, "너희 되게 순수하게 논다~"라고 하셨어요.

전 : 지나가시는 분이? 그치… 그러니까 그게 내가 얼마나 용돈을 쓸 수 있고 어디에 입장할 수 있는지에 따라서 많이 달라지네?

성 : 맞아요. 많은 돈을 가진 친구들은 돈을 많이 써봤기 때문에 돈 쓸 줄 알고… 비싼 걸 사봤기 때문에 물건 보는 눈이 있잖아요.

전 : 그치, 맞는 말이야. 그러면 은영이 같은 경우에는 상대적인 거지만… 지금 돈을 많이 쓰는 친구들과는 달리, 소박하게 지내고. 그런 상황이 너한테 어떻게 느껴져? 불만스러워? 아니면 '얘네는 이런 거고, 나는 그렇지 않고, 내가 갖고 있는 걸 써야지…' 이렇게 생각해? 또 어떤 생각을 하고 있어?

성 : 용돈이 많은 건 좀 부럽긴 한데, 가끔은 '이게 한국의 불평등인가…?'라는

생각도 들어요. 그런데 이렇게 공부를 많이 해도 "내가 과연 저런 친구들을 따라잡을 수 있을까?"라는 생각도 하고요. 불만스럽고 "나는 왜 이렇게 살아?" 이런 감정보다는, 그냥 "내가 공부를 많이 한다고 해도 저런 친구들을 따라잡아서 잘살 수 있을까…" 이런 생각이 더 많이 들어요. 그리고 "신기하다. 저런 삶도 있구나…" 이런 생각도 하게 되고요.

전 : 그럼 이런 생각은 안 들어? 내가 저렇게 해서 따라잡아야지… 약간의 경쟁 심리 같은 건 많이 생기지 않아?

성 : 그런 건 많이 안 생겨요. 저는 지금 제 삶에 대부분 만족하고 있고, 좀 여유롭게 살고 싶거든요. 밤에는 노래를 부르면서 기타를 치고, 시도 읽고… 사람들이 행복한 삶을 위해 산다고 하잖아요? 그런데 행복의 기준은 각자 다르죠. 제가 생각하는 기준은 자신에게 주어진 것, 내가 이룬 것, 그리고 나의 곁에 있는 것에 만족할 때 비로소 행복이 온다고 생각해요. 이런 것에 만족할 줄 알아야 행복을 쟁취할 수 있다고 보거든요. 만약 항상 불만족하고 갈구하면 행복을 잡을 수 없어요. 왜냐하면 행복은 항상 내 눈앞에 있는데, 나는 불행하니까, 절대 잡을 수가 없죠. 지금도 행복하잖아요.

연구자 노트

그녀는 '행복'을 얻는 법에 관해 설명할 만큼 지혜롭다. 소녀의 행복관을 통해 마흔을 넘어서도 행복을 찾아 헤매는 나의 모습을 다시 되짚어본다.

전 : 진짜? 그런데 내가 느끼는 행복은… 나를 포함해서 주변 많은 사람이 행복하지 않다고 이야기하는 경우가 많거든. 공부를 많이 하고, 많은 걸 가졌음에도 불구하고… 그런데 어떻게 보면 은영이는 굉장히 지혜로운 것 같아. 행복을 잡을 수 있다는 건, 너만의 능력이잖아. 은영이는 여러 가지 고민이 있는 시점이긴 하지만, 대체로 만족하고 있어. 그 이유는 뭐야? 너에게 어떤 신념이나 철학, 가치관이 있어?

성 : 제가 만족할 수 있는 이유는… 제가 '나 죽는구나.'를 느꼈을 때, 해보고 싶었던 것들이 있었어요. '이제 총 맞아 죽는구나, 악어한테 물려 죽는구나, 북한으로 다시 끌려가서 죽는구나.' 이런 생각을 했을 때 해보고 싶었던 것들이 많았어요. 옛날에 열심히 살았거든요. 가족들과 보내는 시간도 있었고… 공부도 열심히 했고, 돈 버는 것도 열심히 했는데, 친구들이 학교에 가서 놀고 밥 먹을 때면 항상 '나도 언젠간 저걸 할 수 있어.'라는 생각이 들었죠. '지금은 돈을 벌어야 해. 내일 먹을 게 없으니까… 얼른 벌어야 해.' 이렇게 하면서 미뤄둔 것들이 정말 많아요. 바비 인형 같은 것도 사고 싶었지만, 내일 먹어야 하니까 '커서 사자'라고 했는데, 커서 오니 "네 나이에 그런 걸 지금 해?"라는 생각이 드니까 머리가 아찔해지더라고요. 죽음을 앞두고 이런 생각을 했어요.

이제는 그렇게 열심히만 살지 말고, 해보고 싶었던 것들을 하면서 일상을 즐기고 싶어요. 정말로 죽기 직전에 '그때 그걸 할걸…'이라는 후회가 없는 삶을 살고 싶다는 생각이 들었어요. 열심히 사는 것도 중요하지만, 해볼 건 다 해보면서 즐겁고 후회 없이 살고 싶다고 생각했어요. 그래서 지금 여기 와서 막 할 수 있는 건 아니지만, 바비 인형도 사고 싶고, 인형에 옷도 입히고 싶고… 그런 것들이 있어요. 하지만 애들과 학교 다니고 서로 이야기하고 노는 그런 학교생활을 해보고 싶었어요. 그래서 너무 만족스럽긴 한데, 공부 스트레스가 엄청나요. 그래도 해보고 싶었으니까 참고 견뎌요. 엄마와 시장에 가는 것도 하고 싶었어요. 시장에 가서 맨날 싸우지만 그래도 그걸 하니까 좋고, 행복해요.

연구자 노트

공감되는 말이다. 이 단락에서 바로 주인공이 느끼는 세계관과 인생관을 잘 엿볼 수 있다.

전 : 어~~

성 : 도서관에서 책을 마음껏 읽고 싶었어요. 책 냄새도 맡고, 학교 도서관에 가서 이러고 저러고 하니까 너무 행복해요. 세상에, 이럴 수가… 즐거워요. 그래요, 또 행복하네요.

그림을 그리고 싶었어요. 그림을 잘 그리는데, 사실 그림에 대해 아는 게 별로 없었거든요. 이제 일러스트를 보고, 작가님들의 이야기도 듣고… 알바한 돈으로 그림 강의를 듣고, 정말 행복해요. 왜냐하면 하고 싶었으니까요… "했잖아. 내가 했잖아." 내가 하고 싶었던 건데… 세상이 이렇게 행복해요. 그림 공부하는 게 많이 힘들지만 그래도 행복해요. 내가 하고 싶었던 걸 벌써 했으니까, 이런 나… 좀 대단하네요. 이렇게 하다 보니까 자존감도 오르고, 또 행복해요. 그냥 하고 싶었던 걸 하는 거예요.

약간 카페에서 음료수 마시면서 '세상 이렇게 사는구나.' 이런 걸 느껴봤어요. 어렸을 때 드라마를 보면서 그렇게 하고 싶었거든요. 여유롭고 웃음이 많은 그런 삶을 말이에요. 왜냐하면 그런 카페가 없었으니까요. 그런데 이제는 카페에 와서 음료수도 마시고, 그림도 그리고 있어요.

비록 생각했던 것만큼 행복하고 기분 좋고 여유롭지는 않지만, 그래도 했어요. 너도 행복하고… 너무 행복하진 않아요. 우리들이 할 게 이렇게 많은데… 굳이 공부만 하고 일만 하면서 앞만 보며 가는 건 좀 불행하다고 해야 할까요?

사람들은 항상 말해요. "네가 지금 그걸 해야 하는 게 아니야. 너는 지금 공부를 많이 해야 해. 그런 건 미래에 할 수 있어." 절대 안 돼요. 제가 항상 하고 싶었던 걸 미래로 미뤘거든요. 안 되더라고요. 그런 상황이 되어도 저는 또 미뤄요. 왜? 지금은 공부해야 하니까… '이 대학 가면 할 수 있어.' 그렇게 생각하잖아요. 대학 가도 공부해야 해요. 좋은 직장에 들어가기 위해서… 그래야 좋은 삶을 살 수 있다고 생각하니까 열심히 공부해요. 직장에 가면 뭐예요? 내가 하고 싶은 것, 막 하고, 이렇게 사는 것도 아니에요. 이제는 노후를 준비해야 하니까 열심히 일해야 해요. 미래에 대한 계획은 하나도 없어요. 없어요.

대학에 대해? 사람들이 말해요. "고등학생 때 그렇게 하면 좋은 대학 못

가." 좋은 대학 갔어요. "대학 가서 그렇게 흥청망청 놀면 안 돼요. 점수가 낮아지면 좋은 직장 못 가." 직장에 가서 흥청망청하면 이제 노후가 불행해요.

전 : 응~

성 : 행복할 수 있는 게 없잖아요. 그렇게 생각하면…

전 : 어떻게 보면 은영이가 그런 죽음에 가까운 경험을 하면서 너의 인생을 짧은 시간이지만 되돌아볼 수밖에 없었고, 의도치 않았지만 '내가 앞으로 이렇게 살아야지.' 하고 막연하게 정리한 것 같기도 해.

성 : 어렸을 때는 몰랐어요. 저는 언제까지나 엄마가 60이 되도록 제 곁에 있을 거로 생각했어요. 아빠도 그때까지 엄마랑 함께 살면서, 저는 이런 가정에서 외동으로 살 줄 알았거든요. 그런데, 가족이라고 항상 곁에 있는 게 아니더라고요.

연구자 노트

연구 참여자의 나이를 잠시 헷갈릴 정도이다. 어떻게 어린 나이에 이런 생각을 할 수 있을까요? 인생의 진리를 벌써 깨달은 것은 아닐까요? 제 시각에서 보면 너무 대단해 보인다. 더 나아지기 위해 욕심을 부리는 자신을 버리고 온전히 자기 자신에게 집중하는 삶을 살아야겠다는 생각이 든다. 연구자들에게 깊은 깨달음을 주는 주인공의 말이 정말 감동적이다.

전 : 그렇지…

성 : 다들 가족은 곁에 있는 거니까 미루고 "가족을 위한다." 하면서 그렇게 하잖아요. 절대 안 해요. 내 가족이라고 곁에 평생 있지는 않아요. 나도 그렇게 오래 산다는 보장이 없고, 사람 일은 아무도 몰라요. 그래서 제가 먼저 가족이 곁에 있는 것에 감사하고, 내가 살아 있는 것에 감사하고, 맛있는 걸 먹을 수 있는 것에 감사하면 행복해요. 사랑하는 내가 자기 옆에 있고

나를 봐주고… '맛있는 거 먹고 기분이 좋네…' 이렇게 생각하면 즐겁잖아요. 당연한 건 없더라고요. 나는 엄마가 있고, 아빠가 있어요. 태어나보니다 같이 있네? 나 죽을 때까지 같이 있나 보다 했는데, 아니더라고요. 이혼도 하시고 재혼도 하시고… 당연한 건 없더라고요.

연구자 노트

가족이란 무엇이며, 어떤 존재일까? 가족에 대한 많은 믿음과 사랑은 마음속에서만이 아니라, 겉으로 드러나고 내 곁에 있을 때 더욱 잘해야 하는 존재가 아닐까? 소중하다는 것이 무엇인지, 과연 가족에 대한 소중함은 어디서 출발하는 것일까?

전: 그렇다. 진짜 당연한 게 없다. 그치?

성 : 내 가족이 곁에 있는 것에 감사하고, 나를 돌봐줄 수 있는 것에 감사하고… 엄마는 제가 공부도 안 하고 맨날 핸드폰만 보고 있으니까 "앞으로 어떻게 살려고 그러냐?" 하면서 걱정이 많으신데, 저는 이게 만족해요. "공부도 예전처럼 미칠 듯이 하지 마. 그냥 즐겨." 이렇게 하고, 그다음에 내가 하고 싶은 걸 하니까… '공부 진짜 너무 싫다… 왜 이러지? 난 뭘 위해서 하는 걸까?' 이런 생각을 안 하는 건 아니에요. 왜냐하면 주변이 다 그렇기 때문에 저도 안 하는 건 아닌데… 그래도 대부분은 오늘도 뭔가 내용이 좀 재밌었는데…? 재밌었어… 근데 다시 하려면 재미없을 것 같으니까… 놀아야지. 이렇게 생각하다가… 인생 왜 살까? 이런 날도 있지만… 맛있는 걸 가족이랑 먹고…

전 : 근데 그러면 옆의 친구들이 그렇게 하면 불안하지 않아?

성 : 그래요. 저도 그런 적이 있었거든. 막 미친 듯이 열심히 뭔가를 했던 적이 있기 때문에… 환경이 다르니까 아이들이 미래에 대해 다르게 생각할 수도 있겠지만… 그 아이들은 미래를 보면서 뭔가를 하는 거지만… 저는 현재의 추억과 현재의 그런 걸 간직하고 있으니까 불안하지 않아요. 왜냐하면 저도 알아요. 제가 그림 열심히 그리고 공부 열심히 하면 저런 걸 충분히 할 수 있다는 걸… 그렇기 때문에 즐기는 거예요. 저는 진짜 마음먹

고 열심히 하면 저런 건 금방 따라잡을 수 있어요. 그런데 친구들과 놀고, 학교생활, 추억… "벚꽃이 피었네~" "어제는 비가 와서 좀 힘들었는데, 오늘은 활짝 폈네." 이런 기억은 아무리 열심히 노력한다고 해서 쌓을 수 있는 게 아니에요.

전 : 근데 얘기 듣다 보니까 너 되게 자신감이 있는 것 같아. 그런 자신감은 어디서 올까?

성 : 제가 중국어 학원 다니잖아요. 중국어 배우면서 느낀 건데, 제가 되게 잘하더라고요. 중국어 잘하는 이유? 재밌으니까… 되게 열심히 안 하는데… 사람들이 공부만 중요하다 하잖아요? 근데 생각해 보니까, 제가 중국어 잘하는 이유는 태국에서 중국어를 들은 것도 있지만, 중국 드라마를 엄청 좋아해요. 왜냐하면 볼 수 있는 게 그것밖에 없어서… 그래서 중국 드라마를 많이 보고…

전 : 어.

성 : 처음에는 신기했어요. 나는 한국말만 있는 줄 알았는데… 다른 나라 말도 있는데, 그냥 뭔지 몰라. 근데 따라 해요. 왜? 신기하니까… 세상에 저런 말도 있어… 저게 어떻게 통할까? 말이 신기해서 따라 해요. 발음이 엉망이어도 그냥 따라 해요. "나 했어, 했어." "나 영화 대사 했다고~" 진짜 이렇게 하면서 또 웃어요. 고향에서 영화 대사 보고 막 따라 하고… 왜냐하면 배우 하고 싶었거든요. 그런 걸 좋아해서 지금도 따라 해요. 나오면 막 따라 하고 이러면 후드득 후드득거려요.

전 : 드라마 중국 걸 많이 봤다…?

성 : 예. 왜냐하면 그건 합법이거든요. 중국 드라마 볼 수 있어요. 사상이 비슷하니까요.

전 : 아~ 평소에 뭐를 따라 했었어?

성 : 많이 듣고, 좀 말하고 아무 말이나 따라 했죠. "내가 널 죽일 거야. 꼭 죽인다고." 복수의 말할 때도 따라 하고 "워 아이 니~" 이런 말, 처음에는 "워아이니? 워아이니?" 이게 무슨 말이야? 저렇게 사람을 좋아한다는 말이

야? 신기하다… 이러면서 막 이렇게 약간 따라 하고… 참 미안하다. "뚜에 부치." 또 이 애들이 막… 이렇게 "뗐다 붙인다고?" 막 이런 말도 하고… 이게 공부라서 한 게 아니에요. 내가 재밌고 신기한 거니까 따라 했는데… 이제 중국어 할 때 보면 그게 진짜 많이 도움이 되더라고요. 그래서 중국어 선생님이 "은영이는 발음이 진짜 너무 좋고 잘한다." 이런 말을 학원 선생님이 계속 해주세요. 애들이랑 같이 해보니까 나 진짜 잘하는 것 같아요. "나 잘하네?" 막 그렇게 공부한다는 생각으로 열심히 미친 듯이 한 것도 아니고, 그런 시험을 보면 성적은 나겠지만…"나는 중국 가서 말하고 다닐 수 있어, 현장에서 이렇게 활개 치고 다닐 수 있어." 이렇게 생각했죠.

전 : 우와~

성 : "성적은 낮을지언정, 나는 그걸 잊지 않고 일상에서 써먹을 수 있어. 나 좀 잘하는구나… 약간 즐기니까 되는구나…" 이런 자신감이 생기고… 이제 그러다 보니까 생각해 보니까, 제가 하고 싶어서 마음먹고 했던 것 중에 못 한 건 없거든요. 그러니까 이제 자신감이 생기는 거죠. "그러네, 나는 마음먹으면 하는구나… 그런 사람이구나."

그러다 보니까 이제, 공부하는 애들이 열심히 하고 막 이럴 때 보면 저는 급식 먹고 애들이랑 얘기하고 이렇게 추억을 쌓잖아요. 불안하지가 않아요. 왜냐하면 항상 해보고 싶었어요. 이걸. 애들이 할 때 너무 부러웠거든요. '나는 돈 벌러 다니는데, 쟤네는 막 학교 다니고 있어… 너무 부러워.' 그러다 보니까 이제 하고 나면 즐거워요. 이게 앞으로 기억이 될 거고 이게 좋은 기억이잖아요. 그 좋은 기억이니까 내가 힘든 일이 있거나 미래를 살아갈 때 이 기억이 좋은 밑거름이 되어주겠구나… 이런 생각도 들죠. 불행한 기억뿐인 사람은 앞으로도 불행할 거로 생각해요. 제가 그랬어요.

전 : 음…

성 : 그리고 그런 불행하고 아프고 힘든 기억은 오래 남더라고요. 지금도 남아 있긴 한데… 그렇기 때문에 좋은 기억으로 저는 그걸 좀… 그거와 동등하게 좋은 기억을 많이 쌓으려고 하고 있어요. 세상에는 더러운 면도 있지만, 깨끗한 면도 있는 걸 아니까… 그래서 힘들 때는 "괜찮아~ 이런 일도 있

고, 저런 일도 있는 거지. 내가 살면서 얼마나 많은 일을 겪었는데…" 이러
면서 이렇게 넘어갈 수 있더라고요. 힘든 일이 있을 때는 '여기도 그렇고
저기도 그렇고 세상 너무 힘들다. 나 왜 살까? 이럴 바엔 왜 살지?' 이랬는
데… 좋은 기억이 생기니까 '이런 사람이 있고 저런 사람도 있던데… 지나
가세요~ 난 앞으로 갈 거예요. 비켜요.' 이렇게 생각하고…

전 : 어…

성 : 이제, 그렇게 생각하고 그 안 좋은 일이 생기면 그걸 털어버리는 거죠. 이
제는. 옛날에는 못 했거든요. 그걸. 근데 이제는 털어버릴 수 있어요. 친
구랑 싸워서 "야 너 그렇게 사는 거 아니야. 너 진짜 별로야…" 막 이래요.
'그래, 세상 모든 사람이 날 사랑하지 않아. 나도 세상 모두를 사랑할 필요
가 없듯이… 그러니까 네가 날 싫어해도 나는 그럴 수 있지… 하고 넘어갈
거야.' 이렇게 지나갈 수 있어요.

전 : 너무 얘기에 빠져들어 가고 있어, 샘이… 여기 남한에서 놀이했던 것 중에
가장 좋은 긍정적인 에피소드 있을까?

성 : 긍정적인 에피소드랑… 좀 두 개 정도 있긴 한데… 코로나 시기, 중학교
때 친구들이랑 온라인 줌으로 영상 통화하면서 게임을 했거든요… 그래서
게임에서 지는 사람이 노래 부르고 춤추기, 막 이런 거 했었는데 너무 즐거
웠어요. 서로 떨어져 있는데도 함께 있는 듯한 그런 느낌을 주는 게 정말
즐거웠어요.

전 : 지면 춤추는 거야?

성 : 지면 노래 부르는 거죠. (웃음) 춤을 못 추니까 노래로 할게요. 진짜 막 이
러면서…

전 : 그래서 은영이 이겼어? 졌어?

성 : 졌어요. (웃음)

전 : 그래서 무슨 노래 했어?

성 : "내 꺼인 듯 내 꺼 아닌 내 꺼 같은 너~" 이런 노래 했어요.

전 : 잘 논다. 재밌게~ 야~ 비대면으로도? 그렇게 좋은 기억이… 또 부정적인 것도, 좋지 않은 것도… 뭐 놀긴 놀았는데 좀…

성 : 중학교 처음 갔을 때는 놀기보다는, 저는 약간 사춘기 중2병이 있어서 드라마를 많이 봐서 애들한테 좀 무서운 느낌이 있었고… 그다음에 센 척을 많이 했어요. 마음은 그렇지 않지만, 겉으로는 "야." 이렇게 센 척하면서 "난 이런 사람이니까 건드리지 마." 이런 의미였죠. 왜냐하면 북한에서 그렇게 살았거든요. 안 그러면 착한 애들도 있고, 나쁜 애들도 있는데 센 척을 해야 약자가 잡아먹히지 않으니까요.

그런데 저는 처음에 사과할 줄 몰랐어요. 왜냐하면 거기서는 "내가 잘못했어." 같은 말은 잘 안 했거든요. "미안해. 괜찮아?" 이런 말은 해본 적도 없고 들어본 적도 없어요.

전 : 거기서 그런 말, 잘 안 하나 봐?

성 : 그런 말은 거의 없죠.

전 : 그러면 내가 속으로 미안하면 어떻게 표현해? 사과하고 싶은 마음이 들 때가 있잖아? 어떤 상황에서…

성 : "야, 일 없니? 미안하다." 이렇게 말하죠. 미안하다, 일 없냐고 물어보고… "내가 잘못했다." 이런 말을 대부분 하죠.

전 : "내가 잘못했다." 이렇게? 그게 다르니까 여기서 보니까 문화 차이가 있었겠다. 처음에…

성 : 네, 어떤 친구의 신발을 밟았는데 저는 바쁘게 가느라 못 들었거든요. 그 친구가 학교 끝나고 교실에 친구들을 데려와서 저를 세워놓고 "네가 내 신발을 밟았는데 사과도 없이 지나갔다. 내가 이거 금방 산 건데…" 하면서 막 이러는 거예요. 그러다가 갑자기 돈 얘기가 나와서 굉장히 기분이 나빴어요. 친구들이 돌아가면서 한마디씩 하니까, 저보다 한 살 어린 친구들이 굉장히 무서웠어요.

전 : 그래서 은영이 어떻게 했어?

성 : 제가 슬프거나 화나면 눈물이 나거든요. 울고 싶은 게 아니라 자연스럽게 눈물이 나는 거예요. 선생님이 오셔서 어떻게 했냐고 물어보셨고, 그때 처음으로 미안하다는 말을 해봤던 것 같아요. 굉장히 어색했어요.

전 : 그 말을 했을 때?

성 : 정말 안 좋은 기억이에요.

전 : 그런데 그 말은 선생님이 시켜서 했어?

성 : 선생님이 "미안하다고 말하면 된다."라고 하셨던 것 같아요. 제가 한 건 "미안, 미안해." 이런 말이었던 것 같아요.

전 : 어… 그래서 좀 풀렸어? 그 뒤로는 관계가 괜찮아졌어?

성 : 아니요. 걔네랑 말 안 해요. 저희한테 그랬던 애 중에 키 큰 애가 있었는데, 그 애가 1학기 때 왕따였대요. 그 애가 저한테 막 엄청 뭐라 했거든요. 너무 어이가 없어서… 제가 그때 애들한테 물어봐도 센 척하고 그랬으니까 무서웠던 것 같아요.

전 : 맞아… 걔도 그렇게 말은 안 했어도 좀 겁났을 수도 있겠네. 그런데 네가 그렇게 센 척하는 스타일은 아닌데… 최근에 너를 봤을 때는 그랬어. 처음 왔을 땐 그랬나 보다?

성 : 북한에서는 맨날 센 척하고 다녔거든요.

전 : 아~ 거기서는 왜 센 척하고 다니는 거야?

성 : 안 그러면 애들이 놀리니까요. 어린애들이 제가 옷도 좀 추레하게 입고, 학교도 안 다니니까… 그래서 거지라고 놀리고 그랬거든요.

전 : 그러니까 어떻게 보면 그렇게 말은 안 했지만, 사람들이 무시하지 않게 하려고 그랬던 거네, 그치? 참… 고향에서는 할 수 있었지만, 남한에서는 할 수 없었던 것들… 그립진 않아?

성 : 거의 다 그리운 것 같아요. 마대 펴놓고 잔디밭에서 놀고, 겨울에 눈이 많

이 와서 썰매를 탈 수 있었는데… 썰매 말고 움박이[5]라는 게 있었거든요.

전 : 그건 뭐야?

성 : 썰매랑 다르게 생긴 건데, 앞에 날이 있고 뒤에 두 개 바퀴가 있어서 앞에 걸로 방향 전환을 할 수 있었어요. 썰매는 방향 전환하기 힘들잖아요. 그건 삼발이처럼 생겨서 앞에 바퀴 하나 있고 뒤에 두 개 있어서 그렇게 움직이 도록 만들었거든요. 움박이로 눈 올 때 많이 탔어요. "움박이 타러 가자." 이러고…

전 : 이건 누가 만들어준 거야? 어른들이?

성 : 아버지가 만들어주셨어요.

전 : 그러니까 이건 다 있는 건 아니잖아. 집집마다…

성 : 다 있어요. 장마당에서 팔기도 하고… 아버지가 "장마당에서 파는 거는 날 이 얇으니까, 아버지가 두꺼운 걸 만들어줄 테니 기다려." 이러면 "와~ 아 버지 멋있어요~"이랬죠.

전 : 아버지가 손재주 좋다고 하셨잖아.

성 : 네. 움박이로 약간 경기 같은 것도 하고, "누구 움박이 더 많으니 더 빨리 가나 볼까? 일로 와." 이렇게 하면서 했거든요. 여기서 못 하죠.

전 : 둘이 탈 수도 있어? 혼자만 타는 거야?

성 : 셋까지도 가능해요. 왜냐하면 크기에 따라 탈 수 있는 인원이 다르거든요.

전 : 튼튼하고 큰가 보다.

성 : 무거우면 더 많이 나가요.

전 : 가속력 붙어?

성 : 네. 약간 무거우면 반들반들한 길에서는 더 많이 나가요. 빨리…

---

5 "움박이"는 북한에서 사용하는 용어로, "움직이다"라는 의미를 가진 단어입니다. 일반적 으로 "움직임"이나 "행동"을 표현할 때 사용합니다.

전 : 되게 재밌겠는데? (웃음) 여기로 치면 눈썰매.

성 : 타다가 운전 잘못해서 길에 나 뒹굴고… 저쪽에 돌들이 있고… 이쪽에도 돌과 울타리가 있는데, 그 울타리 쪽으로 가서 막 이렇게 굴러다니고… 정말 재밌어요.

전 : 진짜, 이거 '움박이' 맞아? 스펠링도 맞을까?

성 : '움박이'인지 '움바기'인지 잘 모르겠어요. 저희가 그걸 글로 쓴 적이 없어서…

전 : 그냥 '움박이'로 해놓고, 나중에 북한어 사전에서 찾아봐야겠다. 이 질문이 내가 맞는지 모르겠는데 일단 써놨거든? 남북인이 함께 즐길 수 있는 거… 이 말은 좀 이상하긴 하네. 왜냐하면 네가 이제 남한인이니까, 그렇지? 근데 8번 문제랑 연결해 봤을 때, 두 문화, A가 북한 문화, B가 남한 문화라고 했을 때, 이 두 가지가 합쳐져서 새로운 것이 탄생할 수 있을까? 예를 들면 서구 문화 중에 햄버거가 있다면, 한국 사람들은 밥을 좋아하니까 밥버거 같은 퓨전 음식이 나오는 것처럼… 두 문화가 만나서 어떤 새로운 문화도 새로운 문화도 창조될 수 있거나…

성 : 문화 융합이요?

전 : 맞아, 문화 융합.

성 : 이건 사회 시간에 배우는 건데…

전 : 맞아, 맞아. 문화 변형도 있고… 문화 창조도 있지.

성 : 문화 융합, 문화 창조, 그다음에 뭐라고 했더라…

전 : 글쎄, 용어가 있는데 나도 잊어버렸어. 융합은 이제 섞이는 거니까… 새롭게 창조될 수 있는 문화가 있을까? 놀이나 여가, 여러 문화 중에…

성 : 남북한이 공통으로 즐길 수 있는 것들이 많더라고요. 예를 들어 공기놀이.

전 : 공기… 근데 요즘에 잘 안 하잖아.

성 : 우리 학교에서 중학교 때 했어요…중학교 동아리 활동도 했었어요.

전 : 아, 그렇군. 나는 어렸을 때 문방구에서 공기를 사면, 안에 쌀 같은 게 들어 있었거든. 돌도 적당한 걸 집어서 하기도 하고… 윗동네 공기 모양[6]은 어떻게 생겼어?

성 : 그냥 돌이에요. 돌이거나 살구씨. 살구씨를 다 먹고 말려서…

전 : 살구씨는 되게 크지 않니?

성 : 네, 말려서 색칠을 해요.

전 : 아~~

성 : 이만해요. 색칠하고, 같은 색끼리 쥐고 다시 하고 뒤집어서 같은 색 맞춰서 하는 놀이가 있어요.

전 : 물감으로 색칠이 돼? 재질이 칠해지는 건가 봐?

성 : 돼요. 살구씨가 약간 나무 같아서, 물감으로 칠하면 물을 쪽쪽 빨아들여요. 몇 번이고 칠할 수 있긴 한데…

전 : 진짜? 신기하다. 공기 외에 또 뭐 있을까? 같이 재미있게 즐길 수 있는 거…?

성 : 분필로 땅에 그림 그려서 칸 나누고, 거기에 돌 넣고 발로 차면서 나가는 놀이도 재밌어요.

전 : 이거 말하는 거지? 사방고 같은 거… 맞지?

성 : 약간 비슷하긴 한데, 북한 거랑 남한 게 좀 달라서 같이 하면 재미있을 것 같아요. "뭐 이런 것도 있구나…" 이렇게 신기할 것 같아요.

전 : 규칙은 다르더라도…

성 : 전통문화가 많이 사라져가는 것 같아요. 한국 와서 느끼는 건데…

---

6 "공기놀이"는 주로 어린이들이 즐기는 놀이로, 돌이나 플라스틱 원형 돌 모양을 사용하여 노는 대한민국의 민속놀이를 말합니다. 연구 참여자는 살구씨로 공기놀이했던 경험이 있습니다.

전 : 그런 전통문화가 사라지는 거 어떻게 생각해?

성 : 슬퍼요.

전 : 이런 것들이 계승되고 유지되면 좋겠어?

성 : 네. 한국이 점점 사라져가는 것 같은 느낌이에요. 우리가 존재했다는 사실이…

전 : 그런데, 내가 들은 것 중에 고향은 한복을 자주 입더라? 맞아?

성 : 네.

전 : 한복이 복잡하지 않아? 입는 게 여러 가지 많고?

성 : 아니요. 저고리 있잖아요. 아니, 먹치마⁷ 치마를 새하얀 천으로 된 조끼처럼 연결해서 팔을 넣고, 그 위에 저고리를 입으면 돼요.

전 : 그렇게 복잡하진 않구나.

성 : 네. 그냥 팔을 이렇게 쑥 끼워서 입고 저고리를 묶고…

전 : 진짜? 근데 내가 또 어디서 어떤 아줌마한테 들었는데, 속옷도 생긴 게 되게 다르다고 하더라. 그 아줌마가 여기 와서 속옷 가게에서 넋 놓고 봤대. 너무 예쁜 게 많아서… 거기는 좀 심플한 스타일이라면서. (웃음)

성 : 그렇죠. 누가 저 옷을 예쁘게 입을까? 거기서는 절대 안 되지.

전 : 거의 비슷한 모양일까?

성 : 모양은 비슷한데, 장마당 가면 화려한 게 많아요. 여기 레이스 달린 것도 많잖아요.

전 : 중국 제품도 들어오는 건가?

성 : 여기처럼 엄청 그렇지는 않지만, 화려한 게 많아요. 중국에서 많이 들어와서…

---

7   "먹치마"는 북한에서 사용되는 전통적인 여성 의복으로, 일반적으로 긴 치마를 의미합니다.

전 : 그렇군. 그래. 자~ 봤을 때 은영이한테 여가나 놀이 문화가 네 삶이 100%
라면, 어느 정도의 퍼센티지를 차지할 것 같은지 궁금해.

성 : 70에서 80%?

전 : 그러니까 여가 놀이 문화가 은영이한테 정말 중요한 거네?

성 : 왜냐하면 친구들이나 가족들과 함께 즐길 수 있고, 그걸 통해 유대감을 쌓
고 가까워지면서 관계도 발전시키니까요.

전 : 그렇다면 은영이에게 중요한 키워드는 가족과 인간관계, 그리고 정서적으
로 즐겁고 만족할 수 있는 그런 것들이네. 굉장히 중요한 가치네?

성 : 네, 그렇죠. 나머지 20~30%는 저 혼자만의 개인 시간, 자유 시간이에요.
딱 저 혼자만.

전 : 그럼 어떤 것이 여가 활동의 양식에 변화를 줄까? 개인적인 것과 가족 환
경적인 요인들, 많은 변수가 있잖아?

성 : 가치관이요. 돈도 될 수 있지만, 돈 버는 가치가…

전 : 가치관? 예를 들어보면?

성 : 제가 먹고 싶으면 먹을 수 있지만, 속에 잼이 든 빵을 좋아해서 먹었는데,
어느 날 그 빵 가격이 200원 올랐어요. 맨날 먹던 건데 갑자기 올랐거든
요. 예를 들어서요… 그런데 제가 맨날 좋아하는 거니까 먹고 싶긴 한데,
어느 날 갑자기 그 빵이 별로인 것 같고, 가격도 비싸 보이니까 "아, 그만
먹어야지." 이렇게 되는 거예요. 별로라고 생각하다가 다시 보니까 비싸
보이는 거죠. 이게 약간 생각이 사람을 바꾸는…

전 : 그러네. 네 생각이 어떤지에 따라서도 달라지는 거네…

성 : 아무리 비싼 거여도 내가 좋아하면 그만한 값이 있을 수 있지만, 이제 좀
별로라고 느끼면 가격도 비싸고 많이 별로였던 것 같네… 이렇게 될 수 있
어요.

전 : 그치. 어떻게 보면 내가 어떻게 생각하는지가 굉장히 중요하다. 그럼, 여

기에서 중요한 세 가지를 꼽자면… 삼각형에 어떤 단어를 넣을 수 있을까? 여가 하면 그래도 이 요소들은 굉장히 고려해야 한다면?

성 : 세 가지… '여가' 하면 무조건 편안함이죠. 그리고 자유. 혼자 있든, 가족과 함께 있든, 다른 친구와 함께 있든 편안해야 해요. 그게 비로소 여가죠. 편안함으로 여가를 시작하고 자유로운 활동을 하면서, 나머지는 즐거움과 행복 같은 거죠.

전 : 그러니까 뭐니 뭐니 해도 은영이에게는, 마음에서 자유롭고 편안하고 즐거운 행복감이 굉장히 중요하네.

성 : 굉장히 중요하죠. 제가 생각하기에, 이게 사람이 살아가면서 달성하는 궁극적인 목표이기 때문에 항상 중요합니다. 행복해지려고 사니까요.

전 : 그렇지? 예를 들면 어떤 친구는 멋있는 호텔 라운지에 가서 와인을 마시는 걸 중요하게 생각해. "나 어디 갔어."라고 자랑하듯 사진을 찍고 그런 친구들도 있잖아? 그런데 은영이는 그런 것보다 네가 얼마나 행복하고 편안한지가 더 중요하다는 거지? 결국 심리적인 부분이네, 그치?

성 : 맞아요. 그런 건 라벨이나 값보다는 제 가치관 안에서 합리적인지 아닌지가 중요해요. 제가 사고 싶은 게 있는데 너무 비싸면, 이게 이상적인 가격이 아니라고 생각해도 결국 사고 싶으면 알바 해서라도 사야죠. 왜냐하면 제가 갖고 싶으니까요. 인생은 한 번뿐이니 즐겨야 해요. 너무 열심히 일해 봤자 남는 건 후회뿐인데, 그럴 바엔 즐기는 게 낫죠.

전 : 그렇구나. 아까, 시계 설명했잖아. 이번에는 나만의 현재 놀이 문화와 관련된 물건을 찾는다면 어떤 게 있을까?

성 : 물건은 아니고 사진이 있어요.

전 : 아~ 사진도 좋지!

성 : 놀이 문화라기보다는 게임…?

성 : 애들이랑 놀 때 게임을 많이 해요. 배틀그라운드예요.

전 : 이거 재밌어?

성 : 요즘은 좀 별로긴 한데… 저는 재밌어요. "1.413 프로의 플레이어만을 획득했습니다. 킬 3, 데미지 173, 생존 11분." 잘했다는 뜻이긴 한데… 제가 처음 했다고 해야 하나…? 짧은 시간 안에 연달아 3명을 죽였다는 거예요. 제 캐릭터예요. 저의 아바타.

전 : 네가 만든 거야?

성 : 네. 아바타 만들 수 있어요. 그냥 있는 것 중에서 약간…이거 다른 애들이 노래 부른 건 안 나왔는데, 제 목소리는 나왔을 거예요. 다른 애들이랑 같이 불렀거든요. "낭만이란 배를 타고 떠나갈 거야~"

전 : 야~ 이거 이렇게 녹음도 할 수 있어?

성 : 네, 휴대폰 화면을 녹화해서 했어요. 원래는 못 하는 건데…

전 : 이거 너야? 지금?

성 : 그건 저, 아니에요. 저는 죽었어요. 다른 애예요.

전 : 야~ 근데 이거 되게 재미있겠다.

성 : 지금 꺾기에서 나오는데, 볼륨 틀면 약간…

성 : 너무 재밌어요. "낭만이란 배를 타고 떠나갈 거야~" 이러면서 애들이랑 막… 여기 중학생들이거든요. 초등학생도 있었나…? 원래 아바타를 약간 죽이는 게임인데…

연구자 노트

북한에서의 여가와 즐거움을 한국에서도 잘 느끼고 활용하며 친구들과 나누며 노는 이 소녀의 모습은 감동적이다. 이 장면은 미래 통일 세대들이 어떻게 한곳에서 어울리며 서로의 문화에 적응하고 공유할 수 있을지에 대한 희망과 기대를 안겨준다.

전 : 음…

성 : 더 즐기고 싶으면 못 즐길 게 뭐가 있겠어요?

전 : 난 이런 거 아직 안 해봤거든.

성 : 하시면 재밌어요.

전 : 그래? 그러면… 이거 여가의 3요소를 표현할 수 있는 사진 있을까?

성 : 카페에서 음료수 마실 때 찍은 사진이 있는데… 그거 그림 그릴 때거든요.

전 : 음…

성 : 그래서 약간… 그리고 이렇게 펜들 찍은 게 있는데… 그림 그리는 게 즐거
워서 찍었어요. 청포도 에이드였나…? 아무튼 그런 거예요.

전 : 어떤 상황이야?

성 : 이거 뭐지? 그림 그리러 갔을 때, 주문하고 먹고 있는 상황이에요. '이제
곧 그림 그린다'라는 기대감… 혼자라는 만족감. 드디어 자유롭고 편안해
서 좋았어요.

전 : 진짜? 그냥 너무 좋지… 한적하고 쾌적하고, 시원하고.

성 : 맞아요.

전 : 그때는 어떤 마음이었어?

성 : 음료수가 제일 비쌌어요. '그림 그릴 때까지 아껴 먹어야지~ 너무 차다.'
"이번엔 어떤 거 그릴까?"

전 : 이번에는 딱 그림 하나 그리고 마치자. 은영이가 생각하는 여가, 놀이? 그
걸 그림으로 표현해 볼까?

성 : 음…

전 : 그랬구나. 선생님이 너무 어려운 거 시킨 거 아닌가 몰라. (웃음) 그래. 이
렇게 얘기는 마치고. 난 요즘 일을 너무 많이 벌려서 고민이야.

성 : 그중에서 제일 먼저 해야 할 게 있어요?

전 : 응, 있어.

성 : 그러면 그거 하시고, 제일 나중에 해야 할 거는요?

전 : 있지. 대부분.

성 : 그거는 나중으로 미뤄두시고, 제일 먼저 해야 할 것부터 하신 다음에, 나중에 해야 할 건 기간이 좀 있을 거잖아요? 그건 선생님이 쉬면서 하셔도 돼요. 아무리 좋아서 하는 일이라도 쉬는 시간이 필요하더라고요. 내가 쉬어보니까, 일이 하고 싶어서 몸이 근질근질하게 되더라고요. 그렇게 되면 더 열심히 하실 것 같아요

연구자 노트

19세 소녀에게서 배우는 노동, 여가, 즐거움, 그리고 인생을 살아가는 법을 잠시 배웠다.

전 : 진짜? 그러니까 은영아, 내가 한 번에 너무 많은 걸 하는 거 맞지?

성 : 네, 맞아요.

전 : 맞아. 그러니까 몸도 망가지고… 안 좋은 것 같아. 그래서 내가 욕심을 좀 내려놓으려고 열심히 노력 중인데…

성 : 네. 그게 마음대로 안 되죠.

전 : 그치. 내가 그걸 느끼고, 욕심이 이렇게 많았구나… 오늘 은영이 얘기를 들으면서 확실히 은영이가 참 지혜롭다… 이 생각을 또 했네. 너의 정체성이 굉장히 분명한 것 같아. 물론 너도 고민하고… 고민이 없는 사람이 있겠어? 그런데 '나는 그랬으니까… 지금 이렇게 하고, 저녁에 기타도 치고…' 남들이 다 하니까 다 따라가려고 하진 않잖아? 그게 정말 너의 장점 같아. 그런 면에서 은영이가 더 행복해 보인다.

성 : 행복해요. 너무 행복해요. 미래에 대해 걱정도 하지만 행복해요. 왜냐하면

미래를 위해서 지금 하고 있으니까…

전 : 그치. 나도 너 따라가야겠다. (웃음)

성 : 사람에게 맞는 방식이 있겠죠. 뭐라고 해야 할지 모르겠지만, 애들이 열심히 하고 "너는 안 해?"라고 물어보면, "세상에는 너처럼 열심히 하는 사람도 있고, 나처럼 안 하는 사람도 있어야 세상이 돌아가. 다 열심히 하면 세상이 못 돌아가. 다양한 사람들이 있어서 함께 공존하기 때문에 돌아가는 거니까…" 비슷하게 똑같은 것만 다 있어봐요. 그게 어떻게 살 수 있겠어요?

전 : 맞는 말이다. 그러니까 진짜, 다 어떻게 해? 어떻게… 모든 걸 다 할 수가 없지, 다…

성 : 이런 사람도 있고 저런 사람도 있는 것처럼, 열심히 하는 사람이 있으면 대충 하는 사람도 있어야죠. (웃음)

전 : 그런데 은영이가 선생님 볼 땐 어때? 선생님의 장단점은 뭐야? 어… 그래도 몇 번 봤잖아.

성 : 선생님, 뭔가 긍정적으로 생각하시는 것 같고, 에너지가 밝은 것 같은데요.

전 : 진짜? 긍정적으로 보이는구나. 나 완전 비관적인데…(웃음)

성 : 그래요? 그런데 웃음도 많으시고… 비관적인 사람이… 저도 비관적인 사람이거든요. 최악을 먼저 생각해야 최악에 대비할 수 있더라고요. 그래서 부정적으로 생각하고 다시 긍정적으로 생각하는 편인데… 선생님은 약간 긍정적인 편이셔서…

전 : 왜?

성 : 비관적이라는 건 긍정적인 게 어떤 건지 알기 때문에 비관적일 수 있어요.

전 : 음~

성 : 이미 알기 때문에… 선생님은 뭔가 즐기시면 좋을 것 같아요. 지금도 약간

즐기시는 것 같아요, 그렇죠? 즐겁고 재미있으면 더 연구 많이 하실 것 같아요. 그런데 건강도 생각해야 해요.

전 : 음. 절제가 안 되는 거야. 재밌으면 계속하는 거야. 뭔지 알지? (웃음)

성 : 저도 즐겁고 재밌으면 많이 하거든요. 뭐든. (웃음) 재능 있는 사람도, 열심히 노력하는 사람도 이길 수 없는 사람이 즐기는 사람이에요. 즐기는 사람을 이길 수가 없어요. 이렇게 즐거운데 이걸 안 할 수가 없거든요. 대신, 즐기는 사람은 자신을…

전 : 그런데 가끔 그런 느낌이 들어. 계속 즐겨도 되나? 그런 느낌이…

성 : 왜 안 될 것 같아요?

전 : 내가 불안이 많거든… 사람이 어떻게 재미있는 것만 하고 살아? 조금 재미없는 것도 하고, 나가서 돈도 더 벌고, 사회에 의미 있는 일을 해야 하지 않을까… 그런 생각이 들거든.

성 : 즐기시는 건 의미가 없는 건가요?

전 : 그런 건 아닌데… 너무…궁극적으로 따지면 의미가 있긴 한데… 내가 죽을 때까지 자신 있게 할 수 있는 일일까? 그래서 간혹 의심이 드는 거야. '정말 그런가? 과연 그런가?' 나이를 먹어가면서 불안해지는 것 같아. 이렇게 안주하고 살아도 되나… 그런 불안감이…

성 : 그럼, 저축하시잖아요…?

전 : 응, 저축? 저축도 하는데, 남들만큼 재테크를 하진 않아. 돈적으로는 주어진 만큼 쓰고 버는 편이거든.

성 : 그럼, 됐어요. 그러니까 너무 그렇게 생각하지 않으셔도 돼요.

전 : 그래?

성 : 그렇죠. 자신을 존중하고… 그렇게 해야 뭔가를 해도 만족감이 차오를 거예요. 불안해하실 필요는 없어요. 남들이 결혼한다고 해서 나도 똑같이 결혼해야 하는 건 아니니까요. 남들이 해놓는다고 나도 해야 하나…? 이렇게

생각하면 자신이 없어요. 내가 살고 싶어서 사는… 한 번뿐인 인생인데, 남의 생각을 하면 아무것도 할 수 없어요. 그리고 일단 자신을 즐기고, 너무 원가를 억지로 하려고 하지 말고… 가끔 여가 시간을 가지는 것도 정말 좋아요.

전 : 음. 맞는 말인 것 같아.

성 : 심신의 안정을 위해서…

전 : 네가 참 지혜로운 거 같아.

성 : 제가요?

전 : 그러니까, 네 말을 들으면 마음이… 뭐라고 해야 할까…? 편안해진다고 해야 하나… 그런 느낌이 들어.

성 : 가끔 사람은 듣고 싶은 말이 있어요. 특히 불안할 때는 더 듣고 싶은 말이 있죠. 내가 이 길이 맞는 건지 확인받고 싶고… 아니면 불안할 것 같아서요. 그럴 때 그런 말을 해주면 좋습니다. 왜냐하면 그 사람에게 필요한 건 그 말이니까요. 다른 말을 해준다고 해서 상황이 바뀌지는 않아요. 그냥 그 사람이 지금 그런 말을 듣고 싶을 뿐인데, 자신감이 없을 뿐이에요. 다 할 수 있는데… 약간 불안한 것뿐이거든요.

전 : 네가 사람들의 마음을 잘 읽는 것 같아. 약간 그런 느낌이야…

성 : 잘 읽을 수밖에 없어요. 왜냐하면 제가 그랬었으니까요. 확인받고 싶었거든요. 내가 가는 길이 맞는 건지… 잘 가고 있는 건지…

전 : 그런 부분에 대해서…?

성 : 다 필요 없고, 딱 한 마디면 돼요. "잘하고 있어." 그 한마디면 충분해요.

전 : 근데 그런 얘기를 누가 해준 적 있어? 좀…

성 : 딱 한 분이 계시긴 했어요. 우리 선생님.

전 : 그 선생님 한 분… 어찌 보면 럭키한 거잖아… 그치?

성 : 네.

전 : 그 선생님이 뭐라고 해줬어? 네가 듣고 싶은 얘기? 되게 크게 위로가 된 거야?

성 : 그렇죠. 나중에 생각해 보면 그게 제가 듣고 싶었던 말이었더라고요. 제가 혼자서 "이것도 못 하고 저것도 못 하고…" 이럴 때, 저의 장점도 이야기해 주시면서, "넌 이런 사람이야."라고 말씀해 주셨어요. 살면서 그런 사람이 딱 한 명만 있으면 사람은 살아갈 수 있더라고요.

전 : 진짜… 아까 은영이가 딱 한 마디 해주는데, 이게 팍 꽂혀.

성 : 왜냐하면, 듣고 싶은 말이니까요… 그걸 내가 해준다고 되는 게 아니거든요. 본인이 한다고 되는 게 아니라… 왜냐하면 본인이 그 말을 하면 자기 스스로 약간 세뇌하는 것처럼 느껴지기 때문에…

전 : 네 말이 진정성이 느껴져. 그거 뭔지 알지?

성 : 뭔지 알아요.

전 : 네 말은 거의 대부분 진솔해. 진심이 담겨 있어. 그러니까 이게 딱 들으면 "아~!" 이렇게 되는 거야… 얘기를 하고 싶고…

성 : 그렇죠. 약간 말을 할 때 진심을 담으려고 노력하는 편이에요. 제가 빈말을… 잘 안 해요.

전 : 그게 되게… 사람 마음을 끄는 것 같아. 되게 고마운 거지.

성 : 왜냐하면 제가 그만큼 힘들어 봤으니까… 어떤 마음인지 알 것 같거든요. 그럴 때 뭐가 필요한지도…

전 : 네가 겪어봐서 또 그런 게 있구나.

성 : 사람이 아프고 힘들 때 필요한 건 "괜찮아~ 잘해. 힘내." 이런 말이 아니에요.

전 : 그러면?

성 : "잘해. 잘하고 있어~ 괜찮아~" 이런 말보다 필요한 건 따뜻한 온기더라고요.

전 : 진짜?

성 : 네. 그러니까 혼자 사람이 살기에는 힘든 거일 수도 있겠다…

전 : 응~. 인간은 혼자… 혼자는 못 살더라고. 누군가의 따뜻한 관심, 그런 거지?

성 : 네. 그게 너무너무 필요하더라고요.

전 : 그런 관심 없이는 사람이 살아가기 어렵나 봐.

성 : 네. 사람은 혼자 사는 게 아니니까요. 고립되어 있으면 사람이… 부정적인 쪽으로밖에 생각이 안 나니까, 고립된 사람으로서 하는 말인데… 부정적인 쪽으로밖에 생각이 안 나요.

전 : 고립되면?

성 : 왜 태어났지? 확 죽어버릴까? 이렇게…

전 : 그러니까 혼자 살기 어려운 건 맞는 것 같아.

성 : 사람은 절대 혼자 못 살아요.

전 : 응. 쉬운 것 같으면서도 어려워. 왜냐하면 주변에 사람이 되게 많잖아. 사람한테 치이는데, 또 온기는 없어…

성 : 맞아요. 온기가 없더라고요.

전 : 근데 진짜 고향 분들이… 어르신도 그렇고… "정말 여기는 너무 각박해요." 그런 얘기를 많이 들은 것 같아. 선생님 인터뷰할 때…

성 : 그렇죠. 정말 각박하죠, 여기는…

전 : 근데 선생님이 재밌는 얘기해 줄까? 집단 인터뷰할 때 만났던 친구인데… 언니거든? 은영이보다 언니인데… 그 친구와 인터뷰하면서 그런 얘기를 했어. 최근 고향에서 오신 분인데, 여기서 한 분은 교수고 한 분은 의사야… 무슨 얘기를 하면서 교수라는 사람과 의사라는 사람이 서로 친구인데 서로 집 비밀번호를 알려줬다는 거야. 의사는 싱글이고, 교수는 남편이 있고 애는 없거든. 그래서 서로 의자매처럼 비밀번호도 알려주고, 출근

하면 아무 때나 필요할 때 들어가서 일 보고 한다더라고. 그런 걸 보면서, "되게 신기하다." 그분들만의 독특한 문화인가? 이런 생각이 들었어. 윗동네 공동체 문화니까 이렇게 많이 왔다 갔다 하나보다 했지. 그런 문화가 남아 있겠지? 공동체 문화가 정말 좋은 자산이라고 생각하거든. 북한의 좋은 문화들을 따져보면, 내가 생각했을 때 가장 좋은 건 사회적인 관계 맺는 능력이야. 이게 체감상 진짜 뛰어나. 그런데 그걸 가진 사람들은 잘 자각하지 못하는 것 같거든. 고향 분들은 정말 공동체 문화를 몸소 경험했던 사람들이라 사람을 편안하게 해주고… 때로는 직설적이기도 한데, 그게 난 장점이기도 하다고 느껴져.

성 : 맞아요. 북한 사람들은 서로 약간 덜 따지는 경향이 있는 것 같아요. 맞아요. 저도 그런 경험이 있었어요. 지금도 어려운 분들은 도와드리긴 하지만, 요즘은 내 것에 대한 경향이 좀 더 강한 것 같아요. 한국 사회에 뭔가 정이 없어요.

전 : 그런 얘기 많이 하더라고. 어쨌든 은영이의 귀한 얘기를…또 잘 엮어서 연구해 볼게.

성 : 참, 거기 약간… 잠시만 기다려주세요. 제가 빨간 해를 그렸는데…5시 정도에요. 오후 하늘이 너무 밝아요. 여름이라 그림은 과장이 좀 있어야 해요.

전 : 해질 때 노랗게 되는 하늘이구나.

성 : 그렇죠. 원래 이 모습이에요. 하나 더 보냈어요. 봐주세요.

전 : 아~ 와! 이게 더 리얼한데? 이게 네 마리 새인가? 어떤 의미가 있나?

성 : 세 마리는 저쪽으로 가고, 한 마리는 이쪽으로 오는 그림이에요.

전 : 저쪽이라면…?

성 : 그냥 저쪽이라는 게 특별한 의미는 없지만, 서로 어긋난 방향이라는 게 의미가 있어요.

전 : 어떤 의미인가?

성 : 세 마리, 총 4마리인데, 세 마리가 저쪽으로 가면 모두 저쪽으로 가는 거죠. 나 혼자 거꾸로 오는 걸 통해, 누군가가 하는 대로 하지 말고 자신의 신념대로 하라는 걸 표현했어요. 또 네 마리라는 점에서 대부분 가족은 2명 이상이잖아요? 애가 있으면 3명이고. 사실 네 마리 가족이었는데 세 마리가 떠난다는 의미도 있는데, 떠나는 이유는 각자 생각하기 나름이에요. 그냥 '가족이 항상 옆에 있지는 않다'라는 걸 의미해요. 이 한 마리가 독립한 새일 수도 있고, 헤어짐일 수도 있고, 그건 각자의 삶의 경험에 따라 해석할 수 있어요.

전 : 이 의미가 확 와닿아. 남들이 가지 않는 길을 간다는 것, 그런 주관과 의지가 굉장히 중요한 것 같아. 아까 네가 말한 여가와 관련된 이야기와도 일맥상통해.

전 : 오늘도 지난 시간 노동과 일에 관한 이야기부터… 일상, 즐거움에 관한 얘기를 해봤는데… 어땠어?

성 : 줄넘기할 때는 김일성 노래 말고도… 여러 좋은 기억들이 있더라고요. 아마 그 덕분에 제가 이렇게 밝고 긍정적인 사람이 될 수 있지 않았나 생각해요.

전 : 맞아. 은영이가 던진 질문들이 많아서, 그걸 깊이 생각해 봐야 할 것 같아. 은영이가 한 얘기에서 파생된 질문들이 많아서… 연구자는 이걸 어떻게 해석해야 할까? 사회적으로 어떤 의미가 있을까? 이런 것들을 해석하는 게 내 몫이겠지? 오늘도 시간 내주어 정말 고마워.

성 : 네. 감사합니다. 또 만나요. (웃음)

오늘날 우리는 서로 다른 문화와 배경을 가진 사람들 속에서 살아가고 있습니다. 특히 남북한의 문화적 차이는 단순한 정치적 경계를 넘어, 깊은 유대와 공감을 끌어냅니다. 이러한 맥락에서 한 어린 소녀의 이야기는 단순한 개인의 경험을 넘어, 우리 사회와 인간 존재에 대한 깊은 통찰을 제공합니다. 그녀의 순수한 발상과 경험 속에는 고뇌와 숙고가 녹아 있어, 우리는 이를 통해 진정한 행복과 자유의 의미를 되새겨볼 수 있습니다.

어린 소녀의 이야기는 겉으로 보기에는 단순하고 해맑은 듯하지만, 그 안에는 복잡한 감정과 깊은 고뇌가 숨어 있습니다. 그녀는 남북한의 놀이 문화와 그 속에서 느끼는 즐거움을 통해 사회의 모순과 결핍에 대한 통찰을 제공합니다. 이러한 경험은 단순히 개인의 이야기로 한정되지 않고, 우리 사회가 마주하고 있는 현실을 반영합니다. 우리는 이 이야기를 통해 스스로의 자세와 마음가짐을 돌아보고, 보다 나은 세상을 위해 어떤 노력을 해야 할지를 고민하게 됩니다.

소녀는 북한에서의 삶을 통해 자유에 관한 질문을 던집니다. "자유란 무엇인가?"라는 질문은 단순히 한 나라의 정치적 상황을 넘어서, 개인의 삶의 방식과 가치관에 대한 고찰로 이어집니다. 그녀는 자기 경험을 통해 자유가 단순히 선택의 폭이 넓어지는 것이 아니라, 그 안에서의 인간관계와 정, 그리고 그로 인해 생기는 사회적 책임까지 포함된다는 것을 깨닫습니다. 이는 우리가 어떤 환경에서 살든, 진정한 자유란 서로를 이해하고 보살펴주는 관계 속에서만 가능하다는 것을 시사합니다.

"한 아이를 키우려면 한 동네가 필요하다"라는 말처럼, 소녀는 가족과 이웃의 사랑과 보살핌 속에서 자랍니다. 그녀가 이야기하는 정은 단순히 감정적인 유대가 아니라, 서로의 존재를 인정하고 아끼는 깊은 연민을 나타냅니다. 현대 사회의 바쁜 일상에서 우리는 종종 이러한 정을 소홀히 여깁니다. 하지만 소녀는 그 소중함을 깨닫고, 가족과 함께하는 시간을 통해 진정한 행복을 느낍니다. 이는 우리가 잊고 지내던 인간관계의 본질을 다시금 일깨우는 메시지입니다.

행복에 대한 소녀의 관점은 매우 성숙합니다. 그녀는 자신이 이룬 것과 곁에 있는 것에 만족할 때 비로소 행복이 온다고 이야기합니다. 이는 현대 사회에서 많은 이들이 겪는 불행의 원인, 즉 끊임없는 불만족과 갈구의 악순환을 반영합니다. 소녀는 현재의 순간을 소중히 여기고, 자신이 원하는 것을 실현하기 위해 노력해야 한다는 중요한 교훈을 줍니다. 행복은 먼 미래의 결과가 아니라, 지금, 이 순간의 선택과 행동 속에서 찾아야 한다는 것입니다.

소녀는 죽음을 앞둔 순간, 해보고 싶었던 것들이 떠오릅니다. 이는 그녀가 삶의 소중함을 깨닫고, 순간을 즐기며 후회 없는 삶을 살고자 하는 강한 의지를 보여줍니다. 이러한 깨달음은 우리에게도 중요한 메시지를 전합니다. 우리는 종종 미래에 대한 불안과 걱정으로 현재를 소홀히 여기고, 소중한 순간들을 미루기만 합니다. 하지만 소녀는 그 현명한 교훈을 통해, 지금, 이 순간을 소중히 여기고, 삶의 작은 것들에서 행복을 찾아야 한다고 강조합니다.

이 어린 소녀의 이야기는 단순한 개인의 경험을 넘어, 우리 사회와 인간 존재에 대한 깊은 통찰을 제공합니다. 그녀의 순수함과 깊은 고뇌는 우리에게 행복과 자유, 인간관계의 소중함을 다시금 일깨워줍니다. 우리는 이 이야기를 통해, 미래 통일 세대가 어떻게 서로의 문화에 적응하고 공유할지를 생각해 볼 수 있습니다. 결국, 소녀의 세계관과 인생관은 우리 모두에게 감동을 주며, 각자가 소중한 가치와 행복을 찾기 위한 여정을 떠나도록 격려합니다. 그녀의 이야기는 우리에게 인간 존재의 본질에 관한 질문을 던지며, 진정한 행복이 무엇인지에 대한 깊은 이해를 선사합니다.

19세 소녀의 이야기라는 놀라움 앞에서 떠오르는 문구가 있다면 장자크 루소가 말한 '인간의 성숙과 지혜는 경험을 통해 이루어진다'가 떠오릅니다. 정말이지 인생의 무게는 연륜이 아니라 수많은 고통, 고뇌, 즐거움과 소중함 그로 인한 경험에서 우러나는 것이 아닐까라는 생각을 다시금 해봅니다.

○ 저자소개

■ 글

전주람 (Jun Joo-ram) ramidream01@uos.ac.kr
서울에서 태어났으며, 성균관대학교 가족학(가족관계 및 교육, 가족문화)으로 박
사학위를 최종 취득하였다. 서울시립대학교 교육대학원 교수학습 · 상담심리 연
구교수로 2017년 7월부터 2019년 6월까지 재직했으며, 현재는 서울시립대학교
교직부 소속으로 〈심리검사를 활용한 심리치료〉, 〈심리학의 이해〉를 가르치고 있
다. 아울러 서울가정법원 상담위원으로 2014년부터 최근까지 활동 중이며, 2022
년부터는 통일부 통일교육위원으로 활동하고 있다. 지속적인 연구 관심사로는 가
족관계, 심리상담, 문화갈등, 남북사회통합 등이 있다. 주요 논문으로는 「50~60대
북한이주남성들의 일 경험에 관한 질적 사례연구: 일의 심리학 이론을 중심으로」,
「20대 이혼을 결심한 신혼기 부부에 관한 가족치료 사례연구」, 「북한이주민과 근
무하는 남한 사람들의 직장생활 경험에 관한 혼합연구」 등 60여 편이 있으며, 저
서로는 『절박한 삶』(공저, 2021년 서울대학교 다양성위원회 선정도서), 『21세기
부모교육』(공저, 2023년 세종도서 학술부문 선정도서), 『북한이주민과 지역사회
복지』(공저, 2024년 학술원 우수학술도서 선정도서), 『공감을 넘어, 서로를 잇다』
(공저, 2024) 등 20여 편이 있다. 2016년 KBS 〈생로병사의 비밀 : 뇌의 기적〉 600
회 특집에 부부상담사로, 2021년 KBS통일열차 일요초대석에 출연하였다. 2024년
국립통일교육원에 초대받아 〈통일책방 함께 읽는 통일 시즌2〉에 출연하였다.

김지일 (Kim Ji-il) kkmlsa2021@naver.com
북한 평양에서 태어났으며, 북한의 제1고등중학교 졸업 후 17살 되던 해부터 10
년간 군 복무를 하였다. 군 복무 중 권력과 재력, 출신성분에 의해 모든 것이 결정
되는 북한 사회의 암담한 현실을 보며 실망과 좌절을 안고 탈북을 결심했다. 현재
한국 사회에 정착하여 대학교에서 회계학과 북한학을 전공하고 있으며, 교수자의
길을 걷고자 학업에 매진 중이다. 2021년부터 국방부 강사로, 2024년부터는 통
일부 24기 통일교육위원으로 활동하고 있다. 현재는 〈북한기록문학〉 10권 시리

즈 집필에 동참하고 있으며, 북한정세에 대한 밝은 판단력을 바탕으로 감수자 역할도 수행하고 있다. 지속적인 연구 관심사로는 남북 분단과 국가론, 개혁개방을 위한 북한 경제법, 북한이주민의 정체성 찾기, 한국의 저출산과 북한이주민 문제, 사회적 약자의 권리 찾기 등이 있다. 저서로는『공감을 넘어, 서로를 잇다』(공저, 2024),『북한이주민과 대학생활 내러티브』(공저, 2024)가 있다.

■ 그림

전주성(Jeon Ju-sung) jjs171@naver.com
서울에서 태어났다. 그림을 사랑하는 남자, 독자들의 마음에 따뜻한 별을 그리는 사람으로 기억되고 싶다. 작품으로는『20대에 생각해 보지 않으면 후회할 것들』, 『생생한 사례로 살펴보는 건강가정론』,『21세기 부모 교육』(2023년 세종도서 학술부문 선정도서),『마음 치유와 관계 회복의 시대 가족 상담, 부부 상담』,『상담사례 33』등 10여편에서 그림작가로 활동한 바 있다.

노동과 즐거움 :
19세 소녀의 이야기로 풀어보는 행복의 본질

초판인쇄 2024년 12월 31일
초판발행 2024년 12월 31일

지은이 전주람 · 김지일
그 림 전주성
펴낸이 채종준
펴낸곳 한국학술정보(주)
주 소 경기도 파주시 회동길 230(문발동)
전 화 031-908-3181(대표)
팩 스 031-908-3189
홈페이지 http://ebook.kstudy.com
E-mail 출판사업부 publish@kstudy.com
등 록 제일산-115호(2000. 6. 19)

ISBN 979-11-7318-139-9 94330